FRANZISKA GRÄFIN ZU REVENTLOW

Jugendbriefe

Herausgegeben von Heike Gfrereis

HATJE

INHALT

Vorwort

Als die fünfzehnjährige Tony Buddenbrook »eine immer keckere Art« zeigt, »den Kopf in den Nacken zu werfen«, und als gar an den Tag kommt, daß sie »ganz allein mit einem Gymnasiasten, einem Freunde ihrer Brüder, vorm Tore spazierengegangen war« und mit ihm kleine Korrespondenzen ausgetauscht hat, die sie in hohlen Bäumen deponierte, da scheint es ihren Eltern geboten, sie in eine strengere Obhut zu geben.[1] Ähnlich wie Tony in den 1901 erschienenen *Buddenbrooks* hat auch eine andere Lübecker Tochter aus gutem Hause mit einem Gymnasiasten, einem Freund ihres Bruders, verbotene Liebesbriefe gewechselt und geheime Treffen arrangiert: Franziska Gräfin zu Reventlow, die nach der Entdeckung ihres Briefwechsels in die Obhut eines befreundeten Pfarrhaushalts gegeben wurde. Dieselbe romantische Jugendepisode jedoch – »romantisch«, weil der unbeaufsichtigte briefliche und persönliche Kontakt eines minderjährigen Mädchens mit einem Mann im 19. Jahrhundert eine gesellschaftliche Unmöglichkeit war und deswegen alle Reize des Verbotenen besaß – hat ganz unterschiedliche Folgen: Die fiktive Tony trauert ihrem verpaßten Leben nach, kann sie doch schließlich nur auf zwei gescheiterte Ehen zurückblicken und nicht auf die große, von Romanen und Liebesgedichten versprochene Liebe, während Franziska zu Reventlow bekannt dafür geworden ist, ihr Leben, wie eine Redensart sagt, gelebt zu haben. Reich gilt ein Leben dann, wenn es aus dem Rahmen des gewöhnlichen Daseins fällt, wenn man mehr erlebt hat, als vermeintlich in ein Menschenleben hineinpaßt, und Dinge tat, die eigentlich nicht erlaubt sind. Franziska zu Reventlow etwa hat bei weitem die Zweizahl der Männer überschritten, die einer Frau um 1900 die Gesellschaft in zeitlicher, da an die Ehe gebundener Abfolge gerade noch zubilligte: 1891, am Ende ihres Briefwechsels mit dem Gymnasiasten Emanuel Fehling, hat die Zwanzigjährige ein Verhältnis mit einem wesentlich älteren Mann; ein Jahr später brennt sie von Lübeck nach München durch, heiratet 1894 den Hamburger Assessor Walter Lübke, während sie von einem anderen schwanger ist, läßt abtreiben und pflegt, wieder geschieden und zurückgekehrt nach München, nunmehr als »Braut von ganz Schwabing«[2] die Simultanliebe; mit sechsundzwanzig bringt sie einen Sohn zur Welt, dessen Herkunft sie verschweigt; 1911 heiratet sie einen baltischen Baron, um an dessen Erbe zu kommen. Ihren Wohnsitz wechselt sie, die eine der Leitfiguren der Schwabinger Bohème ist, so häufig wie ihre Männer, einmal lebt sie in der Großstadt, einmal in oberbayrischen Dörfern, sie reist nach Italien und Griechenland und flieht 1909 aus Geldmangel nach Ascona, in die Nähe der Künstlerkolonie auf dem Monte Verità. Das unstete Leben, mit dem die Reventlow so provokant jene bürgerlichen Werte umstößt, die an die Dauer der Verhältnisse gebunden sind – Ehe, Besitz, Heimat –, scheint der Stoff zu sein, aus dem man sprichwörtlich Romane macht. Der Lebensstil der wirklichen Figur weicht von allen um 1900 gültigen Regeln der guten Gesellschaft ab und verklärt sie zu dem, was der Tony im Roman gerade verwehrt ist: zur poetischen Gestalt, zum literarischen Gegenstand.

Fast könnte es so aussehen, als ob Franziska zu Reventlow der Gedanke an die Bohème-Existenz, für die sie bekannt wurde, beim Briefeschreiben gekommen wäre, denn die Liebesbriefe von 1890/91 an den um zwei Jahre jüngeren Fehling nehmen in vielem auf dem Papier schon das vorweg, was sie später lebt. Ort und Zeit des Reventlowschen Briefeschreibens und Briefelesens etwa liegen außerhalb der Ordnung: Um von ihren Eltern nicht dabei entdeckt zu werden, liest sie in den Zweigen eines Baumes oder am Meeresstrand, schreibt mitten in der Nacht und frühmorgens, »im Bett, mit einem roten Strumpf um den Hals«,[3] und am offenen Fenster. »Die Uhr ist schon ½ 1, es wird mir, da ich nur à la Zerline bekleidet bin, etwas frostig, und eine bleierne Müdigkeit verbietet mir, noch länger aufzubleiben. [...] Sie liegen gewiß schon im tiefen Schlaf«,[4] erklärt sie am 4. 5. 1890 Fehling. Zu schreiben, während die anderen Menschen schlafen, zeichnet den Schreiber aus. Daß die Korrespondenz der Reventlow heimlich stattfinden *muß*, potenziert die an die Einsamkeit des Verfassers, das heißt auch: an seine Exklusivität gebundenen Charakteristika der Briefform und macht aus literarischen Topoi, aus jenen Gesten, Orten und Zeiten des Schreibens, die klischeehaft mit dem Traum von einem »anderen«, einem »besseren Leben« verbunden sind, eine Notwendigkeit. Alle Begleitumstände, die die Reventlow schildert – das Nachthemd, das sie trägt, und das Kopfkissen, das sie statt dessen anziehen wollte,[5] die Zigarette, die sie raucht, der Schwips, den sie hat, und der vollgefressene Bauch, der Mond, den sie betrachtet, ihr übernächtigtes Frösteln und die Mutter, die die Treppe heraufkommt –, weisen ihre Briefe als etwas Besonderes aus. Sie wurden der Zeit abgerungen, den elterlichen Verboten abgetrotzt und den in einem adeligen Haushalt üblichen Gesellschaften und Feiern als eigenes, geheimes Fest entgegengesetzt.

»Den heutigen Nachmittag habe ich in wonniger Einsamkeit bei schwülem Wetter im Heu liegend, malend und schwärmend zugebracht. Die andern fuhren nämlich um 2 fort auf Besorgungen« (S. 31). Tätigkeiten, mit denen sie sich von ihrer Umgebung absondert, beschreibt die junge Reventlow oft in ihren Briefen: Für ein Mädchen, das lieber im Meer badet, anstatt einer Handarbeit nachzugehen, das – ein »Trotzköpfchen« wie aus dem Jungmädchenbuch – Streiche spielt, auf Bäume klettert und davon träumt, Künstlerin zu werden, das heimlich Ibsen und Nietzsche liest und also ganz und gar nicht dem Bild einer wohlerzogenen Tochter um 1900 entspricht, stellen das Briefeschreiben, das Malen und Dichten die Mittel bereit, um den vermeintlichen Mangel der Ungezogenheit in eine Qualität zu verkehren: Gerade weil Franziska Gräfin zu Reventlow von gewöhnlichen Vorstellungen abweicht, müßte sie außergewöhnliche Dinge leisten können. Mit ihren Liebesbriefen, die nur durch einen Verstoß gegen die Norm entstehen konnten, entdeckt und inszeniert die junge Reventlow jene Atmosphäre, aus der, so wenigstens malt man es sich aus, ein abenteuerliches Leben, gewagte Gedanken und große Kunstwerke entspringen.

Briefeschreibend probiert sie den Gestus der Abweichung, wie ihn die Künstler und Intellektuellen, die Dandys und Bohemiens öffentlich zur Schau stellen. Solches Leben findet neben der Gesellschaft statt und soll gerade so eine neue, eine intimere, elitäre Gemeinschaft begründen. In den Briefen, durch die sich die junge Reventlow einen Freiraum erschreibt, die das Bild des einsamen, unverstandenen Mädchens entwerfen, beschwört sie sich, und das manchmal fast flehentlich, im Korrespondieren die Notwendigkeit einer Korrespondenz herbei: »Es macht mich so glücklich zu fühlen, daß Sie mir glauben und daß ich an Sie glauben kann und wir uns immer alles schreiben und sagen können, ich habe mich so danach gesehnt, nach solcher wahren Freundschaft, und es kommt mir ganz wunderbar vor, das nun gefunden zu haben, was dem Leben doch erst Inhalt gibt«.[6] Der Korrespondent Fehling ist jenes Echo der Reventlow, das den Rückzug von ihrer eigenen Familie, von der ungerechten Mutter, dem strengen Vater – von den »Greisen« –, mit Geborgenheit belohnt. In den Briefen wird zugeordnet und neugeordnet, in ihnen werden die Gemeinsamkeiten zwischen Schreiber und Adressat reflektiert oder gar erst erzeugt: man hat dieselben Bekannten, sieht denselben Mond, liest dieselben Bücher und weiß um dasselbe Geheimnis.

Täglich, fast stündlich Liebesbriefe zu schreiben, das erhöht normale Handlungen wie den Gang zur Post zum Fest, ordnet so alltägliche Vorgänge wie die Freude an frisch überzogener Bettwäsche (S. 59) schicksalhaft zu Zeichen der Seelenverwandtschaft und gibt den Dingen und Menschen einen beziehungsvollen Sinn. Schreibt Franziska zu Reventlow am 6. 7. 1890 von den »goldenen Buchstaben A. O.« an einer Kirchenkanzel, so verbirgt sich in dem religiösen Symbol für den Eingeweihten Fehling ein persönliches: in einer Kirche, in der Lübecker Marienkirche, treffen sich die beiden heimlich, und »AO« ist einer der Decknamen, an die Fehling postlagernd seine Briefe sendet.[7] Das Arrangement des geheimen Briefwechsels richtet den göttlichen Kosmos auf die Briefpartner aus; Alpha und Omega werden, gewendet in einen Decknamen, zwar profaner und kleiner, doch auch gegenwärtiger, näher, eindringlicher, begreifbarer.

Die Liebesbriefe, die sich die Reventlow und Fehling schreiben, sind der Mittelpunkt eines Kults, in den sie nach und nach ihre Umgebung, zuerst den Reventlow-Bruder Karl (»Catty«), dann Fehlings Cousine Else Gutschow einweihen: »Wie sollte es mir nicht recht sein, daß Du Else eingeweiht hast [...]. Es ist jetzt alles so schön, wie ich es mir nie geträumt hätte. Daß wir uns lieben, ist das Größte und Schönste, und daß wir nun mit Catty und Else alles in inniger Freundschaft zusammen genießen – und teilen; das macht es noch so viel schöner.«[8] Die Beteiligten dieses Briefkults sind in Festtagsstimmung, empfangene Briefe versetzen sie in ein »seliges Kindersommersonntagnachmittagsgefühl« (S. 31), ihr Briefwechsel bietet ihnen die Gelegenheit zu feierlicher Geheimniskrämerei, zu Versteckspiel und Verkleiden, zum Nachspielen von Situationen, die sie nur als Gerücht und aus den Büchern kennen.

Den von der Reventlow mit ihren Jugendbriefen inszenierten Geheimkult erheben die Zirkel der Münchner Bohème, in denen sie um die Jahrhundertwende verkehrt, zur Lebensform: Die vom George-Kreis und den »Münchner Kosmikern« um Karl Wolfskehl, Ludwig Klages und Alfred Schuler veranstalteten und von der Reventlow so gern besuchten bacchantischen Karnevalsgelage und

Festzüge beispielsweise legen den abweichenden Lebensstil der Bohemiens als Wiederbelebung eines antiken Mysteriums aus. Wer in den exklusiven Kreis eingeweiht ist, zeigt sich inspiriert und hat scheinbar den Ort am Rande der Gesellschaft gefunden, an dem verlorene Paradiese wiederkehren und zugleich neue Ideen, neue Kunstwerke und neue Lebensformen entstehen. Abweichungen, wie sie die Voraussetzung der Reventlowschen Jugendbriefe sind, werden der Bohème zum ästhetischen Programm; mit ihnen wird das Leben bewußt so geordnet und »gemacht«, daß es fast notwendigerweise in Kunst mündet, selbst gar zur Kunst wird.

Als Franziska zu Reventlow dem Dichter Rainer Maria Rilke ein Photo sendet, das sie im »weißen Schlafrock«[9] mit ihrem Sohn Rolf (»Bubi«) auf dem Arm zeigt (Abb. S. 103), antwortet er so: »Diese innige Freude, diese Madonnenmutterverehrung und diese ganze Schar reicher Wünsche für morgen und übermorgen und für alle Zeit des heiligen Reifens. – Sehen Sie: einstweilen habe ich ein Gedichtbuch zusammengezimmert, und Sie haben, starke Freundin, aus Ihrem jungen Leben ein Gedicht gemacht. Und zwar: kein sehnsuchtweinendes Lied, eine helle Hymne mit vollen glänzenden Klängen scheint mir, was aus Ihrer schönen Einsamkeit in meine Stunden herüberklingt.«[10] Nur weil andere Menschen aus dem für die damalige Zeit ungewöhnlichen Lebensstil der Reventlow Formen der Kunst herauslesen und weil sie selbst anscheinend alles daransetzt, ihren Mangel an künstlerischer Begabung und Ausdauer auszugleichen, indem sie ihre Begabung zum Leben unter Beweis stellt, kann ihre Person Schriftsteller wie Rilke, Frank Wedekind, Thomas und Heinrich Mann inspirieren und der sonst so irreführende und falsche Zusammenhang von Kunstwerk und Biographie bestätigt werden. Veröffentlicht die Gräfin tatsächlich 1903 einen Roman (*Ellen Olestjerne*), in den sie ihre Jugendbriefe einarbeitet, dann schreibt Rilke so selbstverständlich an die Hauptperson wie an ihre Schöpferin: »Liebe Ellen Olestjerne, nun hat man Ihre Geschichte erzählt; und ich finde das gut. Ich finde, daß Ihr Leben eins von denen ist, die erzählt werden müssen, und ich glaube, daß man es vor allem jungen Menschen erzählen muß, jungen Mädchen und jungen Männern, die das Leben anfangen wollen und nicht wissen, wie.«[11]

All die mysteriösen, großartigen Wörter wie »Leben« und »Kunst«, »Liebe« und »Freiheit«, die um 1900 nicht nur in den Briefen der Reventlow so inflationär auftauchen und von denen kaum einer genau sagen kann, was sie bedeuten, definieren sich durch die Negation üblicher Werte und alltäglicher Verhältnisse. Die Übersetzbarkeit dieser Wörter ist so notwendig an einen Außenseiter gebunden; Frauen etwa, adeligen Töchtern zumal, hat die Gesellschaft um 1900 mehr Hindernisse in den Weg gelegt und so auch mehr Gelegenheiten zur Überschreitung gegeben als den Männern; kaum dürfen jene, was diesen schon lange erlaubt ist: alleine reisen zum Beispiel oder, dem Gesetz studentischer Verbindungen folgend, gegen die Konventionen maßvollen Liebens, Essens und Trinkens verstoßen. Die Reventlow kann sich viele Freiheiten erst noch herausnehmen, die ihre Brüder und ihr Briefpartner selbstverständlich besitzen. Für Franziska zu Reventlow stehen die Zeichen günstig, »Freiheit« zu leben, indem sie sich an deren Widerständen reibt: »Ich will die Unfreiheit ertragen, um frei zu werden.«[12]

Doch selbst als sie in ihrem späteren Leben das unkonventionelle und aufregende Dasein führt, von dem sie in der Jugend träumt, stellen sich immer wieder Hindernisse in den Weg, die ihr augenblickliches Leben zum Gegenteil dessen machen, was sie sich ersehnt. Die Lebensenergie Franziska zu Reventlows scheint von dem unerfüllten Rest zu zehren, der bleibt, wenn man vom Leben zu viel erwartet. So wie sie sich in ihren Jugendbriefen an Emanuel Fehling, die anfänglich die freie, unverbindliche Liebe propagieren, hineinschreibt in deren Gegenteil, in den romantischen Traum von der einzigen und ewigen Liebe, die letztendlich durch die Ehe besiegelt wird, setzt sie auch ihren späteren, zahlreichen Liebesabenteuern eine jeweils davon abweichende, gerade unerfüllbare, ideale »Liebe« entgegen und probiert auf diese Weise den Fundus der unterschiedlichsten Liebesbilder von der Antike bis zur Moderne durch: Gefällt sie sich und anderen gerade in der Rolle der griechischen Hetäre, die ihre Gunst schenkt, wem sie will, und dafür nicht selten sogar Geld verlangt, so fügt sie solch wechselnden Verhältnissen zugleich dauerhafte hinzu wie das zu dem Rechtsanwalt Dr. Alfred Friess, der als »Monsieur« und »Bel ami« über Jahre hinweg als einziger Mann ihre Wohnungsschlüssel besitzt und dessen Typus, das verraten seine Beinamen, die Reventlow in den französischen Romanen des 19. Jahrhunderts gefunden hat; versucht sie, mit Ludwig Klages dessen Philosophie umzusetzen und in einen einzigartigen »Blutrausch« zu versinken, so wünscht sie sich die Leichtigkeit der unverfänglichen, kurzen Liebelei und die Anspruchslosigkeit des anonymen, auswechselbaren Bettgesellen herbei; hat sie, von der Eifersucht geplagt, wegen eines Mannes Liebeskummer, dann kokettiert sie, Verkleidung vorausgesetzt, mit dem Gedanken an eine homosexuelle Beziehung; und lebt sie mit zwei Männern in einer »Wohngemeinschaft« zusammen, dann träumt sie von einer ungestörten Zweisamkeit und trauert ihrer gescheiterten Ehe nach.

In den Unstetigkeiten ihrer Bohème-Existenz sehnt sich die Reventlow nach der Beständigkeit eines bürgerlichen Lebens und umgekehrt: Reist sie, dann möchte sie daheim sein, ist sie fort, so sehnt sie sich nach Hause; tut sie nichts, so träumt sie von Arbeit, vom Malen und Schreiben, und wird der Traum von der künstlerischen Tätigkeit eine ökonomische Notwendigkeit, dann will sie gar nichts oder zumindest anderes tun und beansprucht für sich jene vornehme Untätigkeit, die die weiblichen Mitglieder der Oberschicht pflegen, der sie entflohen ist: »Könnte ich leben, ohne zu arbeiten, ich wäre das glücklichste Wesen unter der Sonne.«[13] Jenen großbürgerlichen Werten, die Franziska zu Reventlow mißachtet – Ehe, Heimat, Besitz –, versucht sie doch, wenn auch mit anderen, mit ihren eigenen Mitteln, aus freien Stücken und nicht aus einem Zwang heraus, wieder zu entsprechen, indem sie sie zu idealer Größe erhebt. Das Prinzip der unerfüllbaren Wunschträume bewahrt die Reventlow vor Enttäuschungen und schenkt ihr eine Überfülle an Lebenserfahrungen, denn intensiv »gelebt« scheint sie gerade das zu haben, wonach sie sich nur sehnte, was sie versäumt hat oder was ihr, wie der Briefwechsel mit Fehling, verboten wurde.

Die Liebesbriefe Fanny zu Reventlows an Emanuel Fehling sind so der eigentliche Ort, an dem das mögliche Liebesverhältnis stattfindet, zu dem es in der Tat gar nie kam. Die erotische Beziehung der jungen Reventlow zu jenen alltäglichen und handfesten Bestandteilen der Korrespondenz, die den abwesenden Geliebten eigentlich nur ersetzen sollen und ihn, als wirkliche Person, überflüssig machen – zu Briefpapier, Schreibgerät, Wörtern und ausgetauschten Kleinodien –, kreiert dann einen Schreibstil, der ein konventionelles Thema – Liebe – in eine der Reventlow eigene Weise umsetzt: »Ob Du jetzt auch noch auf bist und an mich herüberdenkst. Alle Deine Bilder liegen vor mir auf dem Bett – wenn Du wüßtest, wie oft ich Deine Bilder küsse, würdest Du sehr eifersüchtig sein. Nun schlägt es 12, gute Nacht, Du Süßer.«[14]

Plagen die Reventlow tatsächlich häufige Männerbekanntschaften, Geldsorgen und lebensbedrohende Krankheiten – 1918 stirbt sie an einer Unterleibsoperation, an einem Frauenleiden, das sie zeitlebens gepeinigt hat – und führt sie endlich das Künstlerdasein, das sie sich erträumte, wenn auch ganz anders, als sie es sich je hätte träumen lassen, dann dient das Briefeschreiben nicht mehr dem Entwurf eines ungewöhnlichen Lebens durch die Zuhilfenahme prosaischer Umstände, sondern dem Rückzug vor den außergewöhnlichen Verhältnissen der Gegenwart. In ihren späteren Briefen geht die Gräfin oft dem Ernst des Lebens aus dem Weg und distanziert sich von den Lästigkeiten des Alltags, indem sie ihre Krankheiten und Geldsorgen zu komischen Anekdoten arrangiert. Anstatt sich, wie in den Briefen an Fehling, ihren Traum vom Leben emphatisch und minutiös auszumalen, darf sie nun ihren Alltag beschreiben und kann eine Lebenshaltung kultivieren, die sie zum Zuschauer des Theaters macht, dessen Hauptdarstellerin sie selber ist.

Briefe bieten ihren Schreibern die Möglichkeit, das eigene Leben und das des Briefpartners auf verschiedene Weisen in Szene zu setzen; wer im nachhinein in ihnen liest, nach dem Ende eines Briefwechsels oder gar nach dessen Veröffentlichung, der findet Entsprechungen zwischen den Zeiten, weit auseinanderliegende Gedanken und Ereignisse rücken zusammen, Erwartungen etwa, die die junge Reventlow an ihr Leben richtet, stehen neben der oft banalen Erfüllung, und Motive kristallisieren sich heraus, die viele ihrer Briefe zu Variationen weniger Dinge werden lassen: Geld und Arbeit, Liebe und Sehnsucht. Den Reventlowschen Jugendbriefen, auf die diese Auswahl sich konzentriert, sind deswegen Korrespondenzen dazu – spätere Briefe, Teile aus Romanen, Tagebucheintragungen und Photos, Briefe, die Emanuel Fehling und Ludwig Klages an sie schrieben – als Anthologie nachgestellt. Da die Jugendbriefe der Reventlow zum großen Teil von dem Geheimnis leben, das diese gezwungenermaßen um jene machen mußte, sollte die Imagination des Lesers an den Stellen ausmalend hinzutreten, wo der Kommentar die Verhältnisse und Namen nicht restlos klärt – fügt sich doch dieser Briefwechsel, auch für die Beteiligten, nur so zum Roman.

Heike Gfrereis

Die Anmerkungen folgen am Schluß des Bandes (S. 126).

I

DER BRIEFFREUND EMANUEL FEHLING

Fanny Gräfin zu Reventlow, 1886.

Emanuel Fehling, 1890.

1

[Lübeck, vermutlich 10. April 1890]

Lieber Emanuel,

bis jetzt ist Ihr Ruf in unserem Hause noch sehr gut, also nur recht steif und vorsichtig – was nun die verabredete Korrespondenz betrifft, macht mir der Gedanke sehr viel Freude, mich auf diese Weise mit Ihnen zu unterhalten …

Sehen Sie, für mich ist es sehr viel, oder vielmehr würde es sehr viel sein, eine gegenseitige Mitteilung von allem möglichen zu erhalten. Ob es nun Apokryphen, Psalmen oder andere Lebensfragen sind, das ist mir bisher nie möglich gewesen. Wenn Sie nun also *keine* Bedenken tragen, die bis jetzt nur auf Landstraßen und in Zimmern begonnene Freundschaft fortzusetzen, vielleicht mit Rücksicht auf den Bruder, an den Sie sich angeschlossen haben, dann lassen Sie mich einige Worte so bekommen, daß ich dieselben Mittwoch auf der Post abholen kann, das ist die einzige ganz sichere Gelegenheit, wo ich allein zur Stadt gehe. Nun also größte Vorsicht, Diskretion Ehrensache! Kennen die Postleute Sie? Ist das nicht gefährlich?

2

19. 4. [1890] 10 ½ Uhr

L. E.,

unter dem Vorwand großer Müdigkeit habe ich mich zurückgezogen und eben am Fenster eine der von Ihnen stammenden Zigaretten geraucht und dann Ihren Brief zum soundsovielten Male gelesen. Ich habe Ihnen so uneingehend darauf geantwortet, aber der heutige Tag war so wüst und verwirrt, daß es mir unmöglich war, zum ruhigen Nachdenken zu kommen.

Da kommen eben Mama, Goos, Agnes und Catty mit großem Radau die Treppe herauf, ich habe mich mit meinen Schreibsachen ins Bett geflüchtet, weil sie dann das Licht nicht sehen können. – Wenn nichts dazwischenkommt, werden wir uns ja morgen vormittag am M. Tor sehen, aber wer weiß, mich beseelt ein drückendes Gefühl von nahem Unheil. Sie haben sich vielleicht heute abend über meine Albernheit gewundert, aber mir war gar nicht lustig zumut, besonders weil Sie so elend und blaß aussahen und mir den Eindruck machten, als ob Sie etwas bedrückte; aber vielleicht geht es Ihnen auch zuweilen so, wenn ich mich ungemütlich und verwirrt fühle, dann werde ich albern und lustig, um die Unruhe zu betäuben; ich bin auch gewiß nicht vorsichtig gewesen, aber es war mir nicht möglich, ich ärgerte mich bei Tisch, daß ich neben Ihnen sitzend doch nicht comme il faut mit Ihnen sprechen konnte, und nach Tisch, daß ich nicht neben Ihnen sitzen konnte, dazu die bewußten Feuerblicke von Mama, die ich fortwährend fühlte – und es war doch so schön, daß Sie da waren! – Morgen früh werde ich wohl einen mächtigen Segen kriegen, aber das rührt mich nicht mehr.

Es schlägt schon 11 und ich werde stumpfsinnig, will Ihnen nur noch sagen, daß Sie sich nichts *Besseres* hätten ausdenken können, als mir Ihr Bild zu geben. Vielen, sehr vielen Dank dafür. Gute Nacht.

3

F., Sonntag, 20. 4. 90, 1/2 8 Uhr

Lieber –

Für Ihren lieben Brief meinen allerherzlichsten Dank. Trotzdem ich Sie erst so kürzlich sah, treibt es mich doch schon wieder zum Schreiben und Ihnen für denselben zu danken, ich werde Ihnen gewiß entsetzlich oft schreiben, es macht mich so glücklich – wenn in allen Widerwärtigkeiten, die mein tägliches Leben auf Schritt und Tritt mit sich bringt – immer zu denken, daß Sie mit mir fühlen, mich auf Ihre Briefe zu freuen und vor allem auf Ihre Gegenwart; wir haben diese letzte Zeit wirklich Glück gehabt. Catty scheint aber doch Gewissensbisse zu empfinden und meinte, es würde wohl nicht wieder gehen.

Wir kamen heut nachmittag noch glücklich zur rechten Zeit, aber in rasendem Galopp, der mir ganz recht war, weil mir Ihr Schreiben in der Tasche brannte. Nach jedem Male, wo wir uns alleine gesehen haben, kommt es mir vor, als ob ich Ihnen so unendlich viel zu sagen gehabt hätte und nicht die Hälfte von dem herausgebracht hätte; wenn wir uns doch viel, viel öfter sehen könnten! Und es hat doch einen so viel größeren Reiz, daß niemand um unsere Freund-

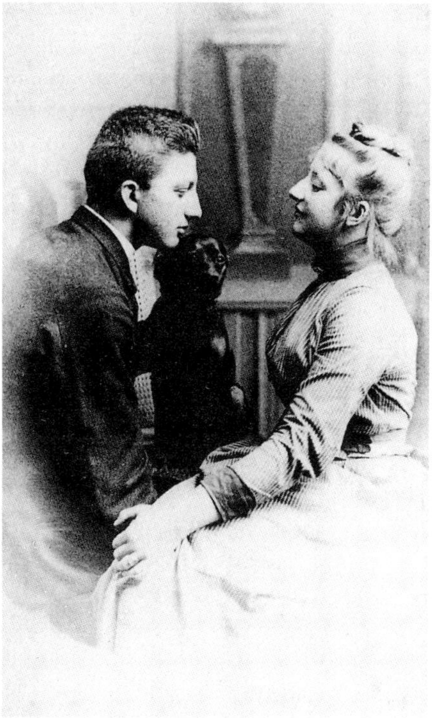

Fanny Gräfin zu Reventlow –
den Vornamen Franziska
nahm sie erst an,
als sie ihr Elternhaus verließ –
und ihr Bruder Karl: »Catty«.

schaft weiß, finden Sie das nicht auch? Ich kann es kaum begreifen, daß ich Ihnen etwas sein kann; es kommt mir vor, als ob ich Ihnen so furchtbar wenig geben könnte für das, was Sie mir geben. Mein Leben ist in diesen 8 Tagen zu einem ganz anderen geworden, ich hatte bis dahin immer das Gefühl, was mich zuweilen ganz verzweifelt machte, ganz allein zu stehen, immer überflüssig und sogar eine Last zu sein. Ich liebe die Einsamkeit und kümmere mich am liebsten recht wenig um meine Hausgenossen, aber ich sehnte mich unmenschlich nach einer fühlenden Seele, die ich nun in nie geahnter Weise in Ihnen gefunden habe.

Bitte halten Sie mich nicht für sentimental. Was würden die Mütter sagen, daß ich Ihnen so schreibe, Gott weiß, ich kann nicht anders.

Was das Leben so schön macht, kann nicht schlecht sein, weil – um mit Ibsen zu reden – die Menge mit den rohen Sinnen und den unedlen Augen es verurteilt? Wo bliebe denn die Wahrheit, in dieser verschrobenen Sittlichkeit ist ja doch kein Funken von Wahrheit, und im Grunde ist sie überhaupt schlimmer wie gar keine. Mir wird ganz schlecht, wenn das Verhalten zwischen Herren und Damen zur Rede kommt, die bloßen Bezeichnungen sind zum Schaudern. Da wird einen zum Beispiel gelehrt, junge Mädchen müssen immer zurückhaltend, ja nicht zuvorkommend sein, damit die Herren sich keine Freiheiten herausnehmen, und dergleichen Greuel mehr.

10 Uhr
Glücklich dem Familienkreise entronnen, will ich noch einen Augenblick weiterschreiben. Mir wurde der Vorwurf gemacht, ich sei diese Zeit so zerstreut, daß es gar nicht anginge, »woran denkst Du eigentlich«! etc. Ich dachte grade an Sonnabend, wenn ich da nur fortkommen kann! Morgen reisen meine Tante und Schwester wieder ab.

Ich liege beinahe tot im Bett, und der Wind fährt wie toll durchs offene Fenster herein und kühlt mir den verworrenen Kopf, den die Anstrengung der letzten 8 Tage ganz verdreht hat. Sehen Sie, wenn man sich sehr Mühe gibt, alles recht zu machen, und einem dann gesagt wird: »Du willst ja nur nicht«, dann verliert man Lust und Mut, und alles geht schief. Zuletzt war ich ganz toll und vergaß alles und jedes.

In diesen Tagen habe ich »Die Frau vom Meer« und die »Wildente« von Ibsen gelesen. Kennen Sie es? Sonderbar ist es im höchsten Grade. Ich verdanke Ibsen sehr viel, seine Ideen und seine

Menschen sind begeisternd, und man hat so das Gefühl, als ob er einem klar sagt, was man unklar gefühlt hat.

Ich will Ihnen gern die Dramen leihen, der eine Band ist mir allerdings beim Umzug verlorengegangen, ich hatte immer eine große Liebe für ihn, habe ihn immer in Husum bei meinem Morgenspaziergang gelesen, wenn ich mit unseren Hunden über unsere Wiesen ging und mich gelegentlich über den Wall hinüber mit Ferdinand Tönnies unterhielt. Catty hat Ihnen gewiß von diesem erzählt. Er bewundert ihn sehr, Ludwig, Agnes und ich ebenfalls – er ist aber ein Verderber der Jugend und Freidenker.

4

Lübeck, 30.4.90, 8 Uhr

Lieber Emanuel.

Ich brauche Ihnen wohl kaum zu sagen, *wie* ich mich freute, Sie zu sehen, haben Sie sehr vielen Dank dafür, wie auch für Ihren lieben Brief. Wie ich von der Marienkirche – der treuen Hehlerin unserer Sünden – zurückkam und zur Post ging, begegnete ich den beiden Mesmers, ging dicht an ihnen vorbei, aber sie erkannten mich nicht, darauf zum Dom, wo ich Ihre Zeilen las; war in der Stunde natürlich wieder ganz zerstreut und gestaltete den armen Apollo von B. zur schrecklichsten Grimasse, auf dem Rückweg wieder unerkannt Anni Mesmer begegnet. – Verzeihen Sie die Kleckse, Catty kam eben herein, und ich verbarg den Bogen eiligst. [...]

Wenn Sie nächsten Mittwoch wieder kommen könnten, das wäre zu herrlich, dann komme ich etwas früher, und die M.K. ist wieder unser Asyl; ich hoffe nur, Sie sind noch zur rechten Zeit zum Futter gekommen; es würde mir leid tun, wenn Sie meinetwegen irgendwelche Unannehmlichkeiten hätten.

Nun muß ich zum Tee und nachher an einem entsetzlichen schwarzen Strumpf stricken. – Ihre Hyazinthe blüht noch immer und erfreut mein Auge und Herz.

10 Uhr

Nun ist des Tages Last und Hitze zu Ende, ein wohltuendes Gefühl! Mir wird jeder Tag des häuslichen Lebens zu einer *mühsam* getragenen Last, für die ich alle Kraft, die ich nur besitze, anwenden muß, um nicht zusammenzubrechen. Abends bin ich dann vollkommen fertig und ganz entmutigt. Vorm Hinaufgehen umwandle ich noch mit Nelly den Hof, im schönsten Mondschein. [...]

1. Mai ½ 10 Uhr morgens
Nach einem öden Greis-Gang und darauffolgendem Donnerwetter von M. suche ich im Schreiben an Sie Erholung. Was Sie in Ihrem Brief über das Recht der Frau sagen, dem stimme ich vollkommen bei. Eine öffentliche Stellung der Frau würde ziemlich undurchführbar sein; wenn man sich z.B. Frau Mesmer als Bürgermeister vorstellt – es würde auch kaum irgendeine Frau sich dafür eignen, es würde eben lächerlich sein. Aber die Frau müßte als dem Manne gleichberechtigt existieren und dieselbe Bildung haben können, die Mehrzahl würde allerdings gerne darauf verzichten, und das schadete denn ja auch nichts. Und vor allem die gesellschaftliche Freiheit – diese Beschränkung ist unerträglich und überhaupt unter aller Menschenwürde. Meiner Meinung nach würden durch eine gemeinsame Schulbildung und völlig zwanglosen Verkehr viel gesündere Verhältnisse entstehen; die jetzigen in der Gesellschaft sind doch durch und durch krank. Die weibliche Erziehung ist eben das Unsinnigste, was es gibt; ich kann Ihnen als Beispiel anführen, was ich an mir selber erfahren habe.

Ungefähr bis 14 Jahre durfte ich mit Catty und unseren gemeinsamen Freunden in allen Freistunden herumlaufen – das war ganz richtig und gut –

Dann hieß es auf einmal, nun bist Du zu groß und mußt ein junges Mädchen werden; ich mußte also außer den Stunden in der Wohnstube sitzen, nähen und stricken. Natürlich wehrte ich mich mit Händen und Füßen, benutzte jede Gelegenheit wegzulaufen, und es konnte eben kein Mensch mit mir fertig werden, die Lehrerin kündigte, und ich wurde nach Altenburg geschickt, wo ich eben herausgeworfen wurde. Sie machen sich gar keinen Begriff, wie mit solch unglücklichen Backfischen zu Hause und in Pensionen verfahren wird, ihnen werden die unnötigsten uninteressantesten Kenntnisse eingetrichtert, furchtbar viel Religion, Grammatik, Handarbeiten und Klavier. Sie sollen gewaltsam in eine Schablone gepreßt werden; was dabei herauskommt, können Sie an den Durchschnitts-jungen Mädchen und -Frauen sehen, ungebildete, bleichsüchtige, spitzenklöppelnde, interessenlose Geschöpfe; die, wenn sie sich verheiraten, in Haushalts- und Kindergeschichten aufgehen und ihrem Mann unmöglich etwas sein können als eben seine Hausfrau – bleiben sie ledig, so entsteht aus ihnen die Sippe der unleidlichen alten Jungfern, über die sich alles lustig macht, deren Wirkungskreis in Kaffeeklatsch und Diaspora besteht.

Es liegt eben darin, daß man die Frau nicht als Selbst, nur als wesenloses Geschöpf betrachtet. Ist das nicht himmelschreiendes Unrecht? Es gibt ein Gedicht über den Beruf des Weibes, darin kommt folgende Stelle vor, die schildert, wie sie ihren Mann, wenn er nach Hause kommt, empfangen soll:

»Sie geht entgegen ihm, trocknet ihm
das Gesicht
Macht ihm den Sitz zurecht und bringt
sein – Leibgericht!«

Darin ist so ungefähr das enthalten, worauf wir erzogen werden, Beruf und Lebenszweck. –

Wie schwer, ja fast unmöglich es ist, sich gegen dieses Schablonen-Verfahren zu wehren, sich selbst geistig zu erziehen und weiterzubilden, das können Sie sich denken; aber ich kann mich dem nicht fügen, das ist mir unmöglich.

Was ich bei Ibsen besonders liebe, ist seine schöne, edle Auffassung des Weibes und der Ehe. In unserer Gesellschaft findet man es fast nie, daß Mann und Frau wirklich innerlich zusammenleben, das ist ja auch unmöglich, wenn die Frau einen so weit geringeren Bildungsgrad hat. Da heißt es immer: »das verstehst Du nicht, das ist nichts für Dich«, sehen Sie, die Summe von dem, was ich für die Stellung der Frauen für erstrebenswert halte, ist Freiheit des Verkehrs und die Möglichkeit einer wissenschaftlichen und künstlerischen Bildung; letztere ist, wie Sie wissen, mein Ziel; sagen Sie mir gelegentlich Ihre Meinung darüber. Unsere aristokratische Verwandtschaft – wie Catty sagt, eine infame Bande – findet dergleichen unmöglich.

Abends 8 Uhr
Sie glauben nicht, was das für eine Wonne für mich ist, wenn ich in Holstein bin, diese Art Leute vor den Kopf zu stoßen; dieselben leiden nämlich auch sehr an Standesvorurteilen, ich errege dann durch Tat und Wort vielen Anstoß; meine Altenburger Exkludierung wird

mir auch sehr übelgenommen, daß ich solche *Schande* auf die Familie gebracht habe.

Die traurigen Leute sind alle sehr orthodox und sehr gute Gesellschaft. Die Töchter, ohne Ausnahme nette Mädchen, werden vor der Lektüre von Büchern, in denen das Wort Liebe vorkommt, und vor jeder Berührung mit jungen Herren mit Todesangst behütet – außer auf den Bällen, deren es circa 20 im Winter gibt und zu denen die Mütter dann mit ihren Töchtern und einem Altar in der Tasche hinfahren.

Während die unglücklichen Schlachtopfer arglos sich amüsieren, sitzen die Mütter in langen Reihen umher, beobachten mit mehr wie Argusaugen, wer wem die Cour macht etc., und tun ihr Möglichstes, um Partien zu machen. Was sie darin in einer Ballsaison zustande bringen, ist unglaublich. Glauben Sie nicht, daß das karikiert und übertrieben ist, es ist traurige elende Wahrheit. Ist es da nicht natürlich, daß man sich aus diesem Schein- und Lügenwesen herausarbeiten, sich freimachen will? und dabei vielleicht zu ungestüm vorgeht.

10 Uhr
[...]
Eben kommt meine Mutter herauf, da muß ich das Licht ausmachen und schlafen gehen, ich träume mit großer Konsequenz von Ihnen.

5

Scharstorff, den 27. 5. [1890]

Mein lieber E.

Heute abend machten wir einen unvergleichlich schönen Waldgang; ich lag im Gras und träumte, während die anderen sich unterhielten, wie ich nach der Uhr sah, war es gerade 7. Da stieg der vorige Montagabend vor mir auf, ich schloß die Augen, und wir beide standen im Regen an der Kirchentür, und dann sah ich Dich so eilig fortgehen – es kam mir vor, als ob ich es noch einmal erlebte und als ob ich weit fortstürzen möchte in die Einsamkeit mit allem Sehnen und Denken. Ich möchte Dich noch einmal sehen, Dir noch einmal Lebewohl sagen und dann mein verfehltes, zerrissenes Leben von mir werfen. Ich fühle mich so verloren, so heimatlos, nirgends bin ich zu Hause, nirgends! am wenigsten in meinem Elternhaus. Kaum ein halbes Jahr kann ich mit meinen Eltern leben und gehe dann hin und her bei lauter lieben guten Menschen, die mich gern haben und wo ich gern bin, aber doch immer unstet und flüchtig, es ist wie ein Fluch, der auf mir liegt, ich fühle immer ein unbegreifliches Etwas, was mich hindert zu leben, was mich überall verfolgt. Es ist, als ob das Leben an mir vorüberginge, und ich kann es nicht erfassen, nicht leben, liegt das an mir? Und dann bin ich wieder so unsinnig lebenslustig, daß ich mich gar nicht zu lassen weiß, und ich sehne mich hinaus ins Freie, ins Leben, um alles zu lernen und wirklich einmal zu leben. –

Aber es ist nun einmal mein Los, fünftes Rad am Wagen zu sein, und das ist dann ja auch ein Beruf, der eine Lebenskraft erfordert, nicht wahr?

Emanuel, verzeih, daß ich Dich mit solchen Ergießungen überhäufe, siehst Du, es ärgert mich selbst, daß ich mich so darin gehenlasse, und anstatt das Zeug zu vernichten, schicke ich es Dir immer, weil Du die einzige Seele bist, der ich so etwas sagen kann.

Habe Geduld mit mir, Du alleine! sie haben's ja alle nicht, weil ich nicht so bin und nicht so sein kann, wie sie mich haben wollen. Vielleicht, wenn Du mich so ganz, ganz genau in allen Fehlern und Schwächen und Schlechtigkeiten kenntest, würdest Du auch so wie sie denken. Das ist ein furchtbarer Gedanke. Nein, das kann doch nie sein.

Lebe wohl, für heute.

6

Scharstorff, den 28. Mai [1890], morgens 3 1/2 Uhr

Mein lieber Emanuel.

Ich schreibe Dir in einer eigenartigen Situation, eben nach einer durchtanzten Nacht im Ballkleid und beim Tageslicht. Du liegst nun und schläfst. Wir fuhren im offenen Wagen und im aufgehenden Morgenrot 3/4 Stunden zurück, und nun kommt mir alles ganz komisch vor, an Zubettgehen denke ich selbstverständlich nicht. Wie ich mich amüsiert habe? O, ich bin ganz lustig gewesen und habe viel gelacht und ganz unsinnig viel getanzt, aber – was früher vielleicht nicht der Fall gewesen wäre – das Ganze ließ mich ganz kühl; ich habe immer an Dich gedacht, und da waren mir all die Menschen so gänzlich gleichgültig – Deine Nadel trug ich so, daß ich sie immer sehen konnte, es macht mir so viel Freude, *Deine* Gabe stets bei mir zu tragen – sooft ich sie ansehe, steigt Dein Bild vor mir auf, und mitten im Rausch des Tanzes und in den Klauen der Leutnants sah ich Dich immer vor mir, und es war mir nicht möglich, mich zu amüsieren, was mir nebenbei gesagt ein fatales Wort ist – obgleich die anderen ohne Zweifel gedacht haben, daß ich das in vollem Maße täte. Wehmütig dachte ich an den 10. April, wo wir zusammen tanzten und wo wir unsere Korrespondenz verabredeten, der Abend war so schön, und von da an war alles so schön –.

Wenn Du mich jetzt sähest, würdest Du wohl einen gelinden Schrecken bekommen, verstört, überwacht, stumpfsinnig und dabei noch mit Blumen im Haar, ich habe mich vorhin an meinem Spiegelbild wahrhaft gefreut. [...]

Immer Deine Fanny

7

[Scharstorff,] 2. 6. 90, 12 Uhr

Mein lieber Emanuel!

Als ich gestern abend heraufkam, war der Blick aus meinem Fenster so bezaubernd schön, auch der Mond und die dunklen Tannen, daß ich es mit stammelndem Bleistift versuchte, denselben für Dich aufs Papier zu bannen [Abb. S. 29] – Du mußt es aber nur von ganz weit weg und mit Nachsicht betrachten. –

Ich hätte die ganze Nacht so am Fenster stehen können, es war zu himmlisch, ich genieße jetzt alles Schöne doppelt, indem ich mir ausmale, wie wir es zusammen sehen und fühlen würden; ein für mich früher nie gekanntes und nie geahntes Gefühl!

Nun freue ich mich von Herzen, daß ich früher immer so für mich allein hingelebt habe, alle innersten Gedanken und Gefühle für mich behalten, nun kann ich Dir ja alles um so voller und gänzlicher geben und vertrauen, brauche nicht mehr nach fühlenden Seelen zu suchen. Hätten wir uns die letzten 3 Jahre schon gekannt, so hätte ich dieselben wohl nicht so zerfahren und unglücklich erlebt. – Aber das sind einmal wieder törichte Gedanken.

Fanny Gräfin zu Reventlow,
Tannen im Mondlicht, 1890.
Stadtbibliothek München.

Oft kommt es mir vor, als ob wir uns kennen müßten, als ob wir uns schon früher gesehen hätten. Du erinnerst mich oft an meinen vor 12 Jahren verstorbenen Bruder, ich weiß nicht, wodurch und wie es kommt; aber ich muß immer daran denken. Ich war damals erst sieben Jahre, aber ich erinnere mich seiner noch so deutlich, besonders an seinen Todestag, wie wir Kleinen hinaufgeführt wurden in sein Zimmer, wo er tot mit gefalteten Händen lag, diese Scene hat sich mir unauslöschlich eingegraben. Er war gegen uns Geschwister so rührend gut, besonders mit mir so liebevoll, wie es später niemand wieder gewesen ist, was ich damals und später immer wieder empfunden habe.

[...]

Abends ½ 12

Trotzdem es schon so spät ist, kann ich mich doch nicht zu Bette finden und sitze hier wieder, hoffnungslos vom Zauber der Mondnacht umstrickt, und sehe Dein Bild an. Heute hast Du nun wohl im Gesangverein gesungen! Ich sehne mich oft danach, singen zu können, habe aber keine blasse Idee davon und übe es nur aus, wenn ich außer jeder menschlichen Hörweite bin. [...]

Ich komme eben todmüde herauf und will gleich zu Bett gehen. Wir lesen jetzt den »Generalfeldoberst« von Wildenbruch, es ist sehr schön, teilweise wunderschön. Ob Du jetzt auch an mich denkst?

Der Mond sieht in mein Fenster, vielleicht blickst Du auch grade zu ihm hinauf, ach, es ist ein so süßes Gefühl, das zu denken. Lebewohl für heute, mein Emanuel.

Sonntagmorgen ½ 9

Ich will dies lieber schon heute abschicken, weil ich nicht recht weiß, wie lange es zu dem Umweg braucht. Ich habe mich sehr verschlafen und muß gleich hinunter. Gestern und heute habe ich ein so wüstes Kopfweh, daß es mir schwer wird, durch den Tag zu kommen. Glücklicherweise gehen wir nicht zur Kirche, an die Greise muß ich auch noch schreiben, eine schwere Arbeit. Ich werde Dir bei jeder möglichen Gelegenheit extra schreiben, eine ganze Woche ist so lang.

Noch einen herzlichen Gruß, liebster Emanuel,

von Deiner Fanny.

8

[Scharstorff,] Sonntag, 22. 6. 90

Lieber Emanuel.

Innigsten Dank für Deinen Brief, den ich heißhungrig ersehnte. Ich bekam ihn eben vor Tisch und war kaum mit demselben in meiner Stube angelangt, als es klingelte und ich hinunterstürzen mußte. Als ich mich nachher freimachen konnte, hatte ich eine herrliche Stunde in den schwankenden Zweigen eines Baumes, um mich wonnige Nachmittagsstille und mit Dir, Deinen Worten. Ich verträumte mich in einem seligen Kindersommersonntagnachmittagsgefühl und bin nur eben hereingekommen, habe nur einen Augenblick Zeit, ehe wir für den Nachmittag ausfahren. Ich bin so innerlich glücklich, ich sonne mich in unserer Freundschaft, und mir scheint das Leben jetzt so schön vor mir zu liegen, wie ich es mir nie geträumt hatte. Nun bin ich von dem Alpdruck der stumpfen aussichtslosen Verzweiflung befreit, der mich besonders im letzten Jahr fast erdrückte, und das alles verdanke ich Dir, mein Freund.

Abends ½ 11 Uhr
Eben zurückgekehrt, wir verbrachten den Nachmittag auf einem Nachbargut, viele Menschen, viel geredet und gelacht, aber meine Gedanken waren nicht bei der Sache, sondern bei Dir, und meine Augen erfreuten sich an der herrlichen Natur, Wald und See mit Schilf und Wasserrosen.

9

[Scharstorff,] Donnerstag, 26. 6. 90, 8 Uhr

Den heutigen Nachmittag habe ich in wonniger Einsamkeit bei schwülem Wetter im Heu liegend, malend und schwärmend zugebracht. Die andern fuhren nämlich um 2 fort auf Besorgungen, wollten eigentlich erst um 10 zurückkommen. Ich hatte es mir so schön gedacht, den ganzen Abend an Dich zu verschreiben, und wollte mich gerade daransetzen, als sie eben zurückkehrten mit einem früheren Zug. Nun wird es wohl nicht mehr viel werden. – Da rief man mich herunter, und ich bin nun eben zum Zubettgehen heraufgestiegen. Meine körperliche Verfassung ist heute eine traurige, mir tun alle Rippen weh, und ich kann die Arme kaum bewegen. Ich brachte gestern abend einen ganz erschreckenden Hunger mit nach Hause, vertilgte unter warnenden Zurufen eine ganze Schüssel mit Kartoffeln, einen halben Hammel und eine große Bütte saurer Milch; nach dieser Leistung wollte ich noch renommieren und versuchte, in einen Kirschbaum zu steigen. Nach einigen krampfhaften Versuchen hing ich in einer Gabel, unter jedem Arm einen stützenden Ast, aber jeden Schwunges und des Atmens unfähig; baumelte so als Boa constrictor ca. 5 Minuten, bis ich halb erstickt wieder herunterrutschte, noch obendrein allgemein verhöhnt, und bin nun heute infolge der Verdrehung total steif. Das kommt davon. Du hast übrigens recht, ich bin jetzt viel lebensfroher, ich habe mich gründlich ausgeruht und fühle mich dem Leben wieder gewachsen. Möchte es Dir auch so gehen, ich wollte, Du fühltest Dich so wohl wie ich selbst. Ich entfalte jetzt einen fast streberhaften Fleiß, bis 12 male oder zeichne ich draußen, versuche mich jetzt im Aquarell. Nach Tisch lese ich und dann bis 8 wieder draußen gemalt. Am liebsten sitze ich allein dabei – was auch meist der Fall ist –, um mich so ganz ungestört in die Natur und meine Gedanken zu versenken, da kann man sich das Leben doch wenigstens schön träumen, wenn sich's auch nicht schön leben läßt. Doch ich schreibe heute abend nur Unsinn und tue wohl besser aufzuhören und zu schlafen.

Gute Nacht.

Freitag

Heute noch ein paar Worte, die Zeit will mir nicht genug rennen, und ich lechze nach Deinem Brief, meiner wird diesmal entsetzlich lang. Heute war ein ziemliches Gewitter; Angst habe ich durchaus nicht davor, aber ich male mir immer die Möglichkeit aus, vom Blitz erschlagen zu werden, und es wäre mir doch ein schrecklicher Gedanke, ohne Abschied von Dir zu sterben –

10

[Scharstorff,] Sonntag, 29. 6. 90, Mittag

Mein Emanuel!

Schon gestern mittag erhielt ich Deinen lieben langen Brief, für den ich Dir innig danke. Vielleicht befremdet es Dich, daß ich erst heute anfange, denselben zu beantworten, aber dazu muß ich vollkommene innere und äußere Ruhe haben, am Tage kam es nicht so weit, und am Abend war ich zu müde. Und doch habe ich seit 24 Stunden an nichts gedacht wie an Dich und Deinen Brief. Ich danke Dir, mein Freund, für Deinen Traum –. Nicht wahr, wir wollen denselben wahr machen und, wenn wir uns wiedersehen, uns alles, alles sagen.

[...]

Das Wetter ist fürs Zeichnen sehr unvorteilhaft, da es alle 5 Minuten regnet, ich lasse mich aber nicht dadurch stören, zwei Hände reichen kaum aus, um Regenschirm, Zeichenbuch, Malkasten und Wasserglas zu halten, außerdem zu malen und die Mücken zu ermorden, die eine grausame Plage bilden. Unglücklicherweise hat sich ein greiser Inspektor für mich und meine Kunst begeistert, steht bewundernd daneben, was mir manchen Seufzer entlockt.

Neulich abend habe ich bis 12 den Mondschein zu malen versucht, aber es wurde nicht berühmt, und die im Fenster stehende Lampe lockte unzählige Motten und dergleichen herein, die mich fast zum Tollwerden umschwirrten.

Zuweilen male ich mir aus, wie schrecklich und doch wieder wie komisch es sein würde, wenn unsere Korrespondenz herauskäme, was für Ungewitter würden über uns hereinbrechen; ich verschließe Deine Briefe immer mit Todesangst, aber im Fall, daß einer von uns ohne des anderen Wissen krank werden könnte! Ich sehe schon meine Erben den Schreibtisch durchwühlen. [...]

Meine Husumer Flucht habe ich nun ja aufgegeben – es war ein Traum – aber von eben diesem Traum habe ich gelebt seit dem Abschied von Husum. Ich denke immer, die Zeit sollte das Heimweh wenigstens abschwächen, aber es überfällt mich immer – und immer wieder. Und dann sich sagen müssen, daß das alles vorbei ist und nie wieder so werden kann. Könnte ich doch einmal mit Dir da sein, Dir alles zeigen, unser altes Schloß, den Blick vom Turm aufs weite Land und auf die See! Mit Dir an den Strand, über die Heide gehen! Und in zweiter Reihe die Menschen, von denen viele mir sehr lieb waren, vor allem Dr. Bartels und meine Flamme Frau Brunn, meine »Jugendfreunde« Fritz Hesselmann und Alfred Bleyer, von denen Catty Dir gewiß erzählt hat. Wie wäre es nett, wenn Du die alle kenntest und Dich mit mir für sie interessiertest. Ich habe angefangen, meine Memoiren zu schreiben, und werde sie Dir vermachen.

Abends 10 1/2
Gegen 7 kamen meine Verwandten zurück, nach dem Tee gelang es mir, allein in den Garten zu entkommen und von dort auf einer Wiese, wo ich 1/2 Stunde im Heu lag, den herrlichsten Sonnenuntergang zu genießen, es war überirdisch schön, alles schwamm in einem Meer von Glanz, ich lag darunter und sah nur noch ins Licht und goldene Wolken über dem Wald, bis ich geblendet die Augen zumachte. Es wurde mir so friedlich einsam zumut, als ob das tobende Leben mit seiner Unruhe mir ferne läge, und es wurde mir schwer, mich aus diesem kurzen Traum wieder loszureißen für die kalte Wirklichkeit.

11

[Scharstorff,] Sonntag nachmittag 3 Uhr [6. 7. 1890]

Ganz allein zu Hause, sitze ich vorm offenen Fenster von der herrlichsten Sommerluft umspielt und genieße die Einsamkeit doppelt, indem ich an Dich schreibe. Heute morgen machte ich einen Versuch, die Kirche zu verschlafen, der aber mißlang, denn sie warteten auf mich, und so fuhr ich denn in dumpfer verschlafener Resignation mit. Von der Predigt habe ich kaum etwas gehört, meine Gedanken wurden durch die goldenen Buchstaben A. O. von der Kanzel auf andere Bahnen gelenkt – auf dem Rückwege wurde beschlossen, nachmittags alle zu einem Missionsfest zu fahren. Das ging mir aber doch über den Spaß, und mich erschütterte der Gedanke, 12 Pastoren zu sehen, 4 Reden über die lieben Heiden zu hören und mit lauter Sonntagsmenschen Missionskaffee aus Waschkannen (wie das bei solchen Gelegenheiten geschieht) zu trinken, dermaßen, daß ich Kopfweh simulierte. Ich legte mich aufs Bett, worauf es hieß, es ist wohl besser, daß Du hierbleibst; natürlich protestierte ich mit matten Augen; ließ mich aber bewegen hierzubleiben; habe mich nach Abfahrt des »Missionswagens« von meinem Schmerzenslager erhoben und freue mich des stillen Nachmittags. – [...]

Ich habe eben einen Roman von Carmen Sylva gelesen, »Die Feldpost«. Begeistert hat er mich nicht, aber doch recht hübsch.

Es ist eine Schwiegermutter darin, die mich lebhaft, fast unheimlich an Mama erinnert. Frühmorgens klettere ich zuweilen auf einen Baum und lese Tristan und Isolde. Bin aber noch im Anfang. Es ist ein Hochgenuß, so in den Zweigen schaukelnd die Welt zu vergessen und Luftschlösser zu bauen, außerdem habe ich eine ganz kindliche Kletterpassion. [...]

Catty findet, ich soll mich von der Preetzer Tante adoptieren lassen; das würde aber meiner Meinung nach eine schiefe Sache werden. Verzeih, daß ich mit Bleistift fortfahre, ich habe eben, als wiedererstandener Kopfwehpatient, einen großen Fraß eingenommen und mich in den Garten gesetzt in Gesellschaft Deiner letzten Briefe, die ich immer, immer wieder durchlese. Nun ist unsere Korrespondenz 9 Wochen alt. Alle die seligen Stunden und die Minuten, die wir in diesen Wochen miteinander verlebt haben, durchlebe ich immer von neuem. Ob es wohl je wieder so schön wird, ich weiß nicht, warum ich das immer wieder denken muß. [Folgende vier Zeilen von F. R. unleserlich gemacht.]

[...]

Ich habe nun noch eine Bitte an Dich. Meine Mittel reichen nur noch für die Absendung eines Briefes aus, kannst Du mir nicht durch einige Freimarken helfen, ich bin total ausgebrannt. – Ich denke dies Schreiben morgen abzuschicken, da Du möglicherweise auf der Post nachsiehst. Lebe denn für diesmal wohl, mein lieber, einziger Emanuel.

Deine treue Fanny.

12

Preetz, den 30. 8. 90

Mein geliebter Emanuel.

[...]

Ich habe meinen Brief an Catty mit Einlage an Dich am Donnerstagmorgen eingesteckt, nachdem ich Deinen am Mittwochabend bekam, habe also gedacht, Du bekämest ihn noch am Donnerstag, sehe aber leider, daß das nicht der Fall gewesen ist. Übrigens eskamotierte ich den Deinen, ehe er gesehen wurde. Du gibst mir in Deinen Briefen immer so viel, indem Du mir mitteilst, was Du liest und denkst, gibst Du mir ein so liebes Bild von Deinem inneren Leben, gerade so wie ich's brauche. Mit welchem Gefühl erwarte ich jeden Sonnabendmorgen, die Nacht, die ihm vorangeht, träume ich fast fieberisch von Dir, von Deinem Brief, so daß ich beim Erwachen nicht weiß, was Traum und was Wirklichkeit ist, wache jede Stunde auf und denke, daß es Zeit zum Aufstehen und Auf-die-Post-Gehen ist. Wozu erzähle ich Dir das nun? Es ist eigentlich recht töricht, ärgere Dich nicht darüber, überhaupt nicht, wenn ich kindisch bin, das wird schon besser werden. Ich fühle meine Unreife und innere Unfertigkeit immer mehr, seit wir miteinander verkehren.

Abends 10 Uhr
Vor 1/2 Stunde kam ich von einem Diner zurück, wo meine Tante wegen Unwohlseins nicht mit war, und sitze nun noch glühend und erhitzt vorm Schreibtisch. Ich war den ganzen Tag – weshalb, weiß ich selber nicht recht – in der trübseligsten Stimmung von der Welt und dann bei dem erwähnten Diner tobend lustig. So geht es immer in mir auf und ab, das elendet mich selbst aufs höchste, und ich kann doch zu keiner gleichmäßigen Stimmung kommen, wenn ich sie auch äußerlich zu heucheln versuche. Zuweilen befällt mich ein wahrer Spasmus von Melancholie und dann wieder die ausgelassenste Lustigkeit, dazwischen fühle ich mich ungemütlich und zuweilen auf fürchterliche Weise nervös. Ich glaube, wenn ich erst ordentliche Arbeit vor mir habe, wird es besser werden. [...]

Deine Fanny

13

Nachdem ihr Wunsch, an einer Kunstschule ausgebildet zu werden, vom Vater abgelehnt worden war, besuchte die junge Reventlow vom Herbst 1890 an das Lübecker Lehrerinnenseminar.

Sonntag 1/2 11 [Lübeck, 19. 10. 1890]

Mein Emanuel!

Wir hätten eben eine so schöne Gelegenheit gehabt, uns zu sehen; Agnes zur Kirche und die Eltern aus, und ich hoffte halb und halb, Du kämest noch wieder zurück, leider konnte ich Dir ja nichts sagen oder zurufen.

Catty ging um 8 zu Marie Schluse, und ich saß in der Eßstube und arbeitete, hörte vorhin, daß Mama mit jemand sprach, ahnte aber nicht, daß Du es seist. Dann sah ich Dich fortgehen und die Eltern gleich nach Dir und war einen Augenblick ganz wild. Wenn ich mir auch immer wieder vornehme, »daß ich Dich ruhig will erscheinen, ruhig gehen sehen« – es ist mir doch nicht möglich, es bebt alles in mir, wenn ich Dich sehe, ohne einen Blick oder ein Wort von Dir haben zu können.

Mein Fleiß war hin, ich stürzte gleich hinauf an mein Fenster und sah nach Dir aus. Hätte ich Dir doch sagen können, daß alle fort seien.

Sonderbarerweise fühle ich mich heute und gestern so im Gleichgewicht wie sonst nur selten und kurz. Das häufige Dich-Sehen hat an meinem inneren Menschen Wunder getan. Es kommt zuweilen wie eine Ahnung von innerer Harmonie über mich, aber ich fürchte, es wird darin nie weiter wie zu einer Ahnung bei mir kommen. Meine Natur und meine Verhältnisse sind so durchaus unharmonisch, und in mir geht es fortwährend auf und nieder.

O, wäre ich frei, diese Unfreiheit ist so furchtbar drückend und tötet alles, was man in sich tat.

Catty kam eben begeistert von Marie Schluse zurück und brachte 2 Bücher mit, das eine von Feuerbach hatte ich mir schon lange zu lesen gewünscht. Wenn meine Kunstträume auch fürs erste begraben sind, ich habe sie doch zu lange geträumt, als daß sie nicht oft wieder aufwachen sollten. Ich male mir jetzt zuweilen aus, daß ich nach dem Seminar erst vielleicht 1 Jahr fortgehe, um zu unterrichten, und dann auf die Kunstschule mit oder ohne Einwilligung gehe.

Ich weiß, daß ich nicht viel Talent habe, aber ich habe eine brennende Sehnsucht, dieses Wenige auszubilden. –

[...]

Ich habe diese Tage, ich meine gestern und heut, so herrlich viel Zeit zum Denken, und ich habe mich ganz glücklich gedacht. Könnte man das Leben verträumen, anstatt sich hindurchzuquälen! Ich finde den Vers so wahr und schön: »Die Welt ist vollkommen überall, wo der Mensch nicht hinkommt in seiner Qual«.

Mir tut das Arbeiten übrigens gut.

[...]

Ich freue mich am Kahlwerden der Bäume, nun kann ich so schön weit aus meinem Zimmer sehen, ob Du kommst. Wie ich dieses Zimmer liebe! Wahrscheinlich ziehen wir nächstes Jahr um, das wird mir sehr leid tun. Eben das Fenster und mein Zimmer sind mir so lieb, durch Dich geheiligt.

Abends ½ 10 im Bett
Mein Geliebter, ich bin so froh, daß ich Dich noch sah, daß ich noch einen Blick, einen Kuß von Dir hatte, mein Emanuel – der meine

Sehnsucht stillte. Dann sah ich euch noch fortgehen, und Du sahst auch zu mir herauf – ich fühlte mich heute sehr ermutigt und stark. Ich habe den ganzen Tag gewaltsam gearbeitet, im ganzen 6 Stunden, außerdem geschrieben und in Feuerbachs Vermächtnis gelesen. Ich habe jetzt wieder das Gefühl von Tatkraft, das mir ganz abhanden gekommen war, und bin froh, daß ich wieder arbeiten *kann*. Heute abend noch 4 Rechenaufgaben gemacht, die mir sehr schwer wurden, besonders, da ich bei der ersten an Dein Kommen dachte und bei den anderen Dich bei Catty wußte, die letzte noch nach dem Tee gemacht. Catty und Du sitzen nun wohl gemütlich in Eurer Familie, und Du denkst vielleicht auch gerade an mich. Ich finde, daß Catty jetzt sehr nett mit den Eltern ist, und es freut mich so.

Zum Tee sind heute Mesmers, alle drei, bei uns, Mama schickte mich zu Bett, weil ich so müde aussähe, und ich entfloh mit Freuden. Ich war so müde und mochte keinen Menschen mehr sehen und hören und mich erst recht nicht unterhalten. Nun kann ich in Ruhe an Dich denken. Meine Gedanken sind es ja längst gewohnt, wie sie freigelassen werden, zu Dir zu fliegen. Abends kommt es mir dann vor, als ob sich nichts mehr zwischen meine und Deine Gedanken drängt und wir ganz ineinander wären.

Doch nun ist es schon 10, ich will nun schlafend weiter von Dir träumen. – Morgen muß ich noch englische Grammatik lernen und habe 6 Stunden. –

Lebe wohl. Gute Nacht, mein Einziger.

D. F.

Morgen abend gehen M. und P. in eine Pastorengeschichte. Kannst Du evtl. nicht kommen?

14

[Lübeck,] d. 25. 10. 90 abends 8 Uhr

Mein süßer Emanuel.

Es war heute trotz aller Unruhe so himmlisch mit Dir, mir ist jede Sekunde mit Dir ein Lichtstrahl, der mich noch lange nachher erwärmt, und ich suche möglichst viel die Einsamkeit auf, um mir jeden einzelnen jener wonnigen Augenblicke zurückzurufen.

Um 10 ½ Uhr

Als ich heute mittag zurückkam, las ich bis zu Tisch in »Schuld und Sühne«, ich finde es wunderschön, aber es versetzt mich in eine trübe, nebelhafte Stimmung, die mir schwer wurde wieder abzuschütteln, bei Tisch war ich noch ganz im Traum. Nachher, wie Catty zu Dir ging, habe ich mich damit beschäftigt, in meinen Papieren herumzuwühlen, und habe dann einmal alle meine seit 4 Jahren zusammengebrauten Dichtungen durchgelesen, ein furchtbares Zeug, aber es trat mir einmal wieder mein ganzes Leben in diesen 4 Jahren vor Augen, alles, was ich darin gefühlt, gedacht und erlebt und vor allem geschwärmt habe. Daß ich diese Jahre ganz allein durchgemacht habe, hat mich einerseits sehr gekräftigt und selbständig gemacht, aber andererseits sehr viel geschadet. Weil ich nie jemand zum »Anvertrauen« hatte, habe ich, wenn es zu schlimm wurde, krampfhafte Versuche zum Gestalten meiner Gedanken gemacht und habe mich nie entschließen können, diese grausenerregenden Produktionen zu vernichten, weil sie mir wie ein Stück meines Lebens sind. Wenn ich tot bin, sollst Du sie haben.

Eben war Catty hier in einem furchtbar komischen Nachtwandlerkostüm und saß ¼ Stunde auf meiner Bettkante. Seine Bekleidung bestand nur aus einem ungeheuren Mantel mit tiefem Halsausschnitt und einem Kneifer.

Der Greis ist heute furchtbar elend, indem er sich eine heftige Magengeschichte zugezogen hat und nun sehr herunter ist. Es ängstigt mich immer, wenn ihm was fehlt, er ist ja herzleidend und macht gleich einen ganz kranken Eindruck.

Es ist schon nach 11, für heute gute Nacht. Wann sehen wir uns wieder, je mehr ich Dich habe, desto heftiger ist die Sehnsucht inzwischen, obgleich ich mir alle Mühe gebe, sie zurückzudrängen. Wie habe ich heute abend an Dich gedacht, Du hast das Konzert und die Kreutzer-Sonate gewiß sehr genossen. Morgen muß ich ganz heillos nacharbeiten. Lebe wohl, Liebster.

F.

15

Lübeck, d. 26. 11. 90

Mein einziger Emanuel.

Ich schreibe Dir buchstäblich unter »Heulen und Zähneklappern«. Catty und ich haben den ganzen Abend hier oben gesessen und uns angefroren, während er Aufsatz und ich an Else schrieb. Nun bin ich bemüht, mich im Bett warm zu strampeln – wirklich, es ist ein Kunststück, unten zu strampeln und oben zu schreiben, es wird auch etwas tatterig ausfallen. Ich weiß nicht, ich bin früher nie so frostig gewesen – Du bist schuld daran, denn ich habe jetzt gar keine warmen Gefühle mehr für mich, seit Du sie alle hast. –

Ich kämpfe jeden Morgen, jetzt, wo es so kalt ist, einen schweren Kampf, der mir schon abends vorher die Freude an der Bettgemütlichkeit raubt, ob halbe oder ganze Wäsche. Ich liebe nichts mehr als die Reinlichkeit, aber wirklich – so morgens um 5 aufzustehen und mit gefrorenem Schwamm das eisige Wasser über sich zu klatschen, während einem die Füße am Blech festfrieren – das führt einem beinahe die Seele aus dem Körper heraus. Aber ich überwinde mich heldenhaft und denke mit »Aujust« in der »Haubenlerche«: »Was soll ich denn zu Deiner Bütte sagen?«, und dann an den Schreibtisch (d.h. nicht direkt) und Geographie lernen!! Verzeih das Überwischen, ich bin zu faul, eines elenden Löschblattes wegen aufzustehen, und lösche deshalb mit einer wollenen Unterjacke.

[...]

Lebe wohl und gute Nacht Liebster, sehen wir uns morgen? Hoffentlich endlich einmal wieder.

F.

16

L[übeck], 29. 11. 90

Geliebter.

Ich hätte heute so innig gern den ganzen Abend an Dich geschrieben, aber ich mußte mit Catty ein Gedicht an Brunns machen und bin nun nicht dazu gekommen. – Wie schade, daß Du heut abend nicht konntest. Ob Du jetzt wohl noch im Konzert bist oder im Phantasiekostüm auf dem Bett liegst? Morgen werde ich Dich wohl nur im Kreise des Ibsenclubs sehen, so will ich Dir denn doch noch einiges schreiben. Vor allem vielen, vielen Dank für Deinen Brief, ach es ist so gut, sich mit Dir über alles auszusprechen, und ich danke Dir so dafür. Aber in dem einen Punkt kann ich doch nicht mit Dir übereinstimmen – alles andere, was Du sagst, befriedigt mich sehr –, daß es Pflicht und Zweck der Ehe sei, die Menschheit fortzupflanzen, mit dem Gedanken kann ich mich nicht befreunden. Man kann ja sagen: Es ist so und man muß sich dem Naturgesetz unterwerfen, aber ich muß sagen, ich finde nicht, daß es das sittliche Gefühl zufriedenstellt. –

Das ist alles so bedrückend, und wie soll man sich jemals wirklich klar darüber werden. Und alles, was damit zusammenhängt, zieht sich durchs ganze Leben hin, als ob man zu nichts anderem da wäre. Hätte ich nicht in Dir die wahre geistige Liebe gefunden, so würde ich ganz darüber verzweifeln, und durch Dich werde ich ja doch allmählich zur Klarheit kommen, wonach und wie ich leben und streben soll.

Für diesmal lebe wohl, verzeih, daß ich kurz abgerissen schreibe.

F.

– Ich habe nicht nur, wie Du denkst, am Fenster nach Dir ausgesehen, sondern von 3/4 8 – 1/2 9 im Garten auf Dich gewartet, weil ich es sicherer fand, als daß Du nicht ins Haus kämest, und weil mir die Sehnsucht keine Ruhe ließ. Sehr enttäuscht, geknickt und halb erfroren kam ich wieder hinein. –

Kannst Du nicht morgen es möglich machen, aufs Eis zu kommen? Wenn nicht offiziell, so doch einen Augenblick uns da besuchen? Versuche es doch. Dann wollen wir zur völligen Wiederherstellung Deiner Gesundheit einen Grog zusammen trinken.

Sonst wollen wir jetzt auf nächsten Mittwoch unsere Hoffnung richten – Sonnabend und Sonntag werde ich wahrscheinlich aus jenem 4wöchentlichen Grunde weder zu einem weiten Gang noch zum Schlittschuhlaufen fähig sein, wenigstens wäre es sehr unvorsichtig!

Ich finde es zu scheußlich, daß sie Dir nur Tee und Zwieback gegeben haben, so schlecht will ich Dich nie behandeln! Außerdem habe ich noch nie gehört, daß Hungerkuren für Kopfweh gut sind.

Gestern waren Catty, Grethe und ich auf dem Eis, es war sehr nett.

Heute morgen war ich erst bei Alwine, dann in der Zwischenstunde mit Mieze und mittags Catty und ich bei Gutschows, wo Alwine auch war. – Meine Augen werden wirklich bedenklich schwach, ich erkannte Mieze heute auf 2 Schritte nicht und wäre unfehlbar an ihr vorbeigegangen, wenn sie mich nicht angeredet hätte.

Emanuel, Du glaubst doch nicht, daß ich absichtlich einen Krach herbeirufen würde!? Ich fürchte, daß es später, wenn ich nach dem Seminar fortwill oder inzwischen schon durch Entdeckung es so weit kommen könnte, kommen *muß* – aber dann halte ich mich für berechtigt, mein geistiges Leben zu retten und mich frei zu machen, und werde aus diesem Grunde meinen Willen durchsetzen – aber wenn es auf andere Weise geht, was ja immerhin möglich ist, dann, weiß Gott, werde ich sehen, es ohne Bruch zu erlangen. Solange M. und P. gegen mich wie jetzt sind, solange werde ich mich schwerlich zu einem gewaltsamen Schritt entschließen, d.h., wenn ich sehe, daß ich es nicht aushalten kann, so muß ich es eben tun. –

Aber wenn der frühere Ton zwischen uns wieder anfängt, was zweifelsohne der Fall sein wird, dann mache ich das Seminar durch und lasse dann alles fahren.

Ich will und muß einmal frei werden; es liegt nun einmal tief in meiner Natur, dieses maßlose Streben, Sehnen nach Freiheit. Die kleinste Fessel, die andere gar nicht als solche ansehen, drückt mich unerträglich, unaushaltbar, und ich muß gegen alle Fesseln, alle Schranken ankämpfen, anrennen. Ich habe das mein ganzes Leben gefühlt – und dann dieser kleinliche, unaufhörende Druck aller Verhältnisse. Muß ich mich nicht frei machen, muß ich mein Selbst nicht retten – ich weiß, daß ich sonst daran zugrunde gehe.

17

[Lübeck,] d. 1. 12. 90 im Bett

Geliebter.

Ich bin eben mit dem Abschreiben des Gedichtes fertig, ich hoffe auf Anerkennung wegen der deutlichen Schrift, trotz bauchwärts unbequemer Lage. –

Hurra, wahrscheinlich können wir morgen doch in den Dom. Mama sagte, ich brauchte nicht dabeizusein, wenn sie ankämen, und außerdem will ich die Pädagogikstunde schwänzen. Ich will morgen einmal recht faulenzen; heute hatte ich den ganzen Tag die elendesten Magenschmerzen – wofür ich die außerordentlichste Begabung habe. –

Es ist mir wirklich, als ob ich einen Altenburger Hefekloß verschlungen hätte oder ob *Dein* gestriges viermaliges Mittagessen *mir* schlecht bekommen wäre. Ich muß gestehen, daß mir diese Sympathie zu weit geht! – Durch eben vollbrachtes Verschlingen von Rizinusöl hoffe ich es zu bessern.

Es ist wirklich, als ob wir einen Briefwechsel à la Goethe–Schiller hätten, der sich meistenteils um ihre Verdauungsstörungen dreht. – Wenigstens ist mir das beim Lesen desselben aufgefallen. Den ganzen Abend habe ich in eine Decke gerollt gelegen und gelesen, erst »Väter und Söhne« zu Ende, dann noch 40 Seiten Lassalle. Letzteres ist zu begeisternd, ich war ganz weg darin und habe es nur so verschlungen.

Um 8 kam Mama, sie scheint ziemlich angegriffen, war ganz gnädig; aber ich zitt're im stillen, daß sie in Preetz alles mögliche Unheil gesammelt hat, Geschichten von mir etc. Das erste Frühstück morgen ist mir unheimlich. –

Sie erzählte viel von Storms, bei denen sie einen Tag gewesen ist; natürlich hauptsächlich vom »Brautpaar«. Ich denke jedes Mal Gott sei Dank, daß wir kein solch »deklariertes Brautpaar« sind.

Sehr komisch war es, als Mama erzählte, daß Dodo Storm krank sei und 14 Tage liegen sollte und nun die Frage erörtert worden wäre, ob ihr Bräutigam sie besuchen könnte; Catty und ich machten natürlich einen lebhaften, etwas höhnenden Einwurf und wurden mit »davon versteht ihr noch nichts« abgefertigt. Gute Nacht, auf morgen! Es küßt Dich tausendmal

D. F.

18

L[übeck], 16. 12. 90

Anstatt an meinem Aufsatz zu schreiben, was höchst notwendig wäre, muß ich an Dich schreiben, um aus dieser entsetzlichen Stimmung herauszukommen. *Natürlich* erlaubte M. Catty und mir nicht, ins Konzert zu gehen. Sie hatte es von Papa abhängig gemacht, der aber heute nachmittag nicht ankam, also »ging es nicht«. Ich kann Dir gar nicht beschreiben, wie wütend es mich gemacht hat; ich komme durch solche Kleinigkeiten gar zu leicht aus dem Geleise. Ach, es ist so verzweifelnd, so erdrückend, sich ewig durch diese kleinlichen, lächerlichen Vorurteile durchwinden zu müssen. Ich weiß nicht, ob Du es mir nachfühlen kannst, wie gerade diese Art von Albernheiten erdrückt – da Du ja niemals ein »junges Mädchen aus *guter Familie*« gewesen bist?? Wie himmlisch wäre es nun, da zu sein, Dich zu sehen, Dich spielen zu hören und an Musik und an Dich zu denken.

Morgen kannst Du auch vielleicht nicht? Könntest Du nicht nur etwas Zeit erübrigen, wenn es nur eine halbe Stunde wäre! Alles besser wie nichts. Donnerstag hast Du doch wieder Musikstunde, Freitag ich bis 3, und Sonnabend ist Beichte! Also könnten wir uns dann erst nächste Woche einmal in Ruhe sehen.

Ach Emanuel, schilt mich nur nicht, daß ich schwach bin; aber ich weiß tatsächlich nicht, wie ich es aushalten soll, Dich nun noch 8 Tage nicht *in Ruhe* zu sehen. Warum sollte ich Dir es verbergen, wie furchtbar schwer es mir wird? Du weißt ja, nicht wahr? daß ich *kann*, was ich will und soll, wenn es nicht anders geht.

Ich versuche es auch von morgens bis abends, die Sehnsucht nach Dir zu bekämpfen, aber sie glüht und brennt in mir, und mir ist fortwährend, als ob ich Fieber hätte, so unruhig und heiß.

Ach, zuweilen wacht ein wilder, wilder Drang in mir auf, mich loszureißen, fortzustürzen zu Dir, alles andere beiseite werfend, nur zu Dir, um Dich eine kurze Minute zu sehen. Es überkommt mich so, daß ich nicht weiß, was ich mit mir anfangen soll.

Nun habe ich Dir noch gar nicht für Deinen heutigen Brief gedankt, er hat mich so gefreut. Es ist mir jedes Mal eine solche Wohltat, wenn Du mir schreibst, ich möchte nur noch viel, viel mehr von Dir haben, alles, was Du denkst und tust, ganz genau wissen, damit ich es auch so mit Dir tun kann. Aber Du Armer hast so wenig Zeit, und da sollst Du Dich auch noch mit Schreiben quälen. Es tut mir so leid, daß Du überhetzt und elend bist – das haben wir dann doch wenigstens meistens gemeinsam. Aber ich kann es nicht leiden, wenn Dir was fehlt.

Daß ich heute doch die Stunde schwänzte, war nur die Hoffnung, Dich bei Gutschows zu sehen, außerdem war ich kopfwehhalber nicht lernfähig.

19

L[übeck], 16. 12. 90

Geliebter Emanuel.

Da muß ich Dir schon wieder etwas so unsagbar Dummes von mir erzählen, daß ich mich nur schwer dazu entschließen kann. Aber ich habe mir doch fest vorgenommen, Dir auch das Geringste zu sagen und es nicht aus Feigheit oder Eitelkeit zu unterlassen – wozu ich allerdings oft in Versuchung bin.

Also ich warf vorhin einen Bilderrahmen entzwei, sammelte das Glas auf und legte es auf meinen Schreibtisch. Darauf lockte es mich unwiderstehlich, mich mit den spitzen Glasstücken zu schneiden. Ich ging zu Tisch hinunter und mußte immer wieder daran denken, wie herrlich man sich damit schneiden könnte, konnte dann auch schließlich nicht widerstehen und ritzte mir mit wahrer Wollust erst den Finger, dann die Stirn auf, bis das Blut herunterlief und mir auf einmal klarwurde, daß es schon mehr Verrücktheit sei und jenes entsetzliche Gefühl – ich weiß nicht, ob Du es kennst –, daß man vor sich selbst bange wird und fühlt, daß man in eben dem Moment nicht ganz zurechnungsfähig ist. Mir wurde der Kopf heiß und schwer, und ein entsetzliches Angstgefühl beklemmte mich, das erst vorbeiging, als Catty zurückkam und ich es ihm erzählte. Nachher wurde ich natürlich gleich gefragt, was ich da hätte, und mir ein Pflaster draufgeklebt etc.

Ich bin eigentlich ganz verzweifelt, Liebster. Du sollst mich nicht auslachen und auch nicht böse sein, aber kannst Du mir nicht zurechthelfen? Es ist mir so ganz unerklärlich, wie ich *jetzt* so sein kann; ich lasse mich ganz von meinen Nerven beherrschen und mich ganz gehen, und doch habe ich nie mehr gewünscht, anders zu sein als jetzt für Dich und um Deinetwillen.

Nun gute Nacht, Herzliebster, ich habe förmlich Angst davor, Dich das nächste Mal zu sehen, die Schramme auf der Stirn kommt mir wie ein Kainszeichen vor (ich sage sonst natürlich, es wäre ein Glassplitter abgeflogen).

Schreibe mir bitte hierauf.

Deine Fanny

20

1887 hatte die Reventlow das Altenburger Magdalenenstift, ein Erziehungsheim für höhere Töchter, wegen ihres aufsässigen Betragens verlassen müssen, zu dem solche »Vergehen« gerechnet wurden wie ihre Beteiligung an Kissenschlachten, ein nächtlicher Spaziergang im Nachthemd oder ein Raubzug durch die Stachelbeerhecken des Stiftsgartens.

L[übeck], 24. 12. 90, 6 Uhr

Wärest Du jetzt bei mir, Geliebter, und hieltest mich mit Deinen starken Armen umfangen und ich könnte Dir all das Weh sagen, das mir das Herz bedrückt!

Ich sitze hier – so recht innerlich einsam und sehne mich so unaussprechlich nach Dir. Nicht daß ich elend wäre, es war so gut, heute morgen mit Dir zu gehen, und ich habe den ganzen Tag viel besser überstanden wie gestern, aber mir ist heute abend so furchtbar einsam und wehmütig. Erst in der Kirche und dann bis jetzt Familiensitzung – alles so öde. Ludwig ist doch gekommen, und es ist natürlich eine furchtbare Albernheit und Festlaune – ich kann nicht dagegen an und fühle mich fremd dazwischen. Ach mein Emanuel, ich bin ja doch so reich – ich kann mich zu Dir flüchten, und Du verstehst mich, liebst mich – ist das nicht genug, um zu leben und alles, alles leiden zu können? Ich habe heute so recht darüber nachgedacht und mir zurechtgelegt, und ich will nun wieder mit Mut darangehen und ihn nicht gleich wieder sinken lassen, wenn es mir schwer wird, mich durchzufinden.

Nun ist die ganze Wirtschaft glücklich vorüber, nach dem Tee sind P., M., Catty und ich noch zusammen gegangen – nun sitzen die andern unten mit Punsch und animierten Gesprächen. Ich habe mich zurückgezogen und liege nun im Bett; es wurde mir schwer genug, mich so lange aufrecht zu erhalten. Ludwig war eben noch bei mir und sehr nett.

Wie es Dir wohl heute abend geht, mein Süßer, ob Dir ebenso zumut ist wie mir? Müde, matt und sehnsüchtig. Mir tut das Herz so weh, und ich kann die Gedanken kaum entwirren, die auf mich eindringen.

Es ist mir so sonderbar, daß heute Weihnachtsabend ist – und daß mir das jetzt nichts mehr ist, was mein Herz früher mit Seligkeit füllte. Die früheren Weihnachten in Husum steigen vor mir auf. O könnte ich den märchenhaften Zauber noch einmal fühlen, der jetzt auf immer dahin ist. Wenn wir erst im Dunkeln zur Kirche gingen, und wie feierlich und schön war es, in der erleuchteten Kirche mit 2 Weihnachtsbäumen; nachher in atemloser Spannung warteten – in ganz alten Zeiten, als Theodor noch lebte –, saßen wir alle in der dunklen Kinderstube vor der Tür, bis es klingelte. Dann im Saal mit 2 Riesenbäumen. Alles so hell, daß man vollkommen geblendet wurde – ach, es war alles so schön. Weihnachten war für mich einer der seltenen Momente, wo ich mich nicht zurückgesetzt fühlte, wo ich mit den andern gleich behandelt wurde, überhaupt der Höhepunkt von Glückseligkeit, wo alle Bitterkeit für den Augenblick verschwunden war. Könnte man noch einmal wieder als Kind, als gläubiges Kind den Wonneschauer des Weihnachtsabends fühlen! Aber das ist vorbei, vorbei und erloschen. Die letzten Jahre habe ich ihn nur noch mit belastetem Herzen durchlebt; vor 4 Jahren als armer Sünder in den Altenburger Ferien kurz vor meinem Urteil, das ich schon ahnte; vor 2 mitten in meinem langen »Krankenlager«, wo ich nur 1 Stunde von Ernst heruntergeschleppt wurde und nachher wieder oben lag; mit einem entsetzlichen Gefühl meiner Lügen und Sündhaftigkeit; was war es doch damals für eine himmlische und zugleich schreckliche Zeit. Denke Dir, 6 Wochen lang ruhig wegzuliegen und dann noch ebenso viele, sich zu »erholen«. Alle so gut und freundlich, wie sie es noch nie gewesen waren, und dabei das Gefühl, sie alle zu belügen.

Was ich damals innerlich gelitten habe, möchte ich nicht noch einmal fühlen. Aber das lange Ausruhen hat mir damals doch gar nichts genützt, denn im Sommer darauf war ich noch so elend, daß ich beinahe eine Gehirnentzündung bekam – also was sollte es mir jetzt helfen, wenn ich mich eine Zeitlang legte.

Und dann voriges Jahr! Unter meinen *herrlichen* Gedichten muß auch eins sein, was an dem Abend entstand. Ich bin selten, vielleicht nie so trostlos unglücklich gewesen wie da vor Heimweh und allgemeiner Verzweiflung, wenigstens weinte ich den ganzen Abend. Damals ahnte ich ja noch nicht, daß dieses Jahr mein ganzes Leben entscheiden würde!!! Während ich schreibe und an Dich und das, was Du mir bist, denke, kommt es wie eine Ahnung von Frieden über mich. Ich bin ja Dein! Und was ist alles andere dagegen? Was ist Schmerz und Verwirrung, wenn ich Dich habe? Glaube nicht, wenn ich oft elend und traurig bin, daß meine Liebe schwach sei – o nein, sie ist so stark, so groß, so unendlich, und umgibt Dich, wo Du gehst und stehst.

Sorge Dich nur jetzt nicht um mich, wenn ich mich nur erst etwas erholt habe, werde ich stark sein und die Schwierigkeiten besiegen, die mich jetzt niederdrücken. Das letzte Vierteljahr ist mir zu viel gewesen, und ich will mich jetzt ausruhen, das verspreche ich Dir; nur nicht zu Bett liegen, erstens, weil es mir doch nie Ruhe lassen würde, zweitens würde sofort erklärt werden, das Seminar wäre zu viel, und dann weiß ich ganz sicher, daß, wenn ich mich einmal hingebe, so klappe ich ganz und gar zusammen. Laß mich doch lieber versuchen, mich allmählich wieder in die Gewalt zu bekommen, dann wird es besser werden. – Nun gute Nacht, Du Geliebter, ich will schlafen und süß von Dir träumen.

21

Um die Jahrhundertwende galt der 1880 erschienene Roman Niels Lyhne *des dänischen Schriftstellers Jens Peter Jacobsen (1847–1885) neben den Werken Ibsens und Nietzsches als* das *Kultbuch der Jugendlichen. Hier haben die jungen Intellektuellen, die angehenden Maler und Dichter das Modell ihres Lebens gefunden: die schwermütige Sehnsucht nach dem »erfüllten Leben«, die rastlose Suche nach Liebe und Freiheit, die Träumereien von der Kunst und Poesie, vom Fliegen und von einem ekstatischen, nicht von Konventionen geregelten Tanzen.*

L[übeck], 27. 12. 90

Liebster.

Catty hatte einen Zettel an Dich auf seinem Schreibtisch liegenlassen, zum Glück fand ich und niemand anderes ihn dort.

Nun bekommst Du schon wieder ein Bild [Abb. S. 49], verwöhne ich Dich nicht schrecklich? Ich habe es von meiner früher so heiß angebeteten Editha zurückerbeten und schicke Dir ihren Brief mit, Du mußt Dich mit mir über das von mir rot Angestrichene ärgern, d. h., eigentlich lache ich darüber. Es tut mir nur leid, daß sie so philiströs geworden ist. Von *Freundschaft* ist nie die Rede zwischen mir und ihr gewesen; ich habe so glühend für sie geschwärmt, daß ich beinahe krank darüber wurde, geradezu gerast, und sie hat mir nie das Mindeste gegeben oder erwidert. Wenn Du meine Briefe an sie läsest, ich glaube, Du würdest eifersüchtig werden, ich brannte

Im Altenburger Magdalenenstift, um 1877.

überhaupt nur so, sie hat mir aber so viel kaltes Wasser gegeben, daß es endlich erloschen ist. – Übrigens, die Geschichte mit dem Scheunenbrand beruht auf einer Verwechslung mit Carmen Noer.

Der heutige Tag war wieder gräßlich, ich habe mich nur immer damit getröstet, daß ich abends an Dich schreiben wollte. Es gibt doch nichts Lieberes, Süßeres, Schöneres, als ganz in Ruhe dazuliegen und Dir zu schreiben und Dir jeden, auch den kleinsten Eindruck mitzuteilen.

Wie gräßlich mir dieser Sydowsche Café Chantant ist, wenn Du da wärest, wäre es herrlich gewesen, aber so?

C. hat Dir gewiß schon alles erzählt? Ich wollte durch List davon freikommen, und C. brachte vor, Du hättest ihm gesagt, man müßte decolletiert (enthalst) erscheinen, es wäre ein sehr großer Ball, und wir hofften, es würde an den nicht vorhandenen Kleidern scheitern. Aber wehe, es entstand eine entsetzliche Aufregung und wurde schließlich beschlossen, daß noch welche genäht werden könnten, was nun auch geschieht. Auf Dich wurde auch geschimpft.

Mama sagte, es wäre doch unglaublich, daß Du mit Deinen Cousinen darüber sprächest, ob sie ausgeschnitten auf einen Ball gingen etc. Ich habe mich krankgelacht. Dann furchtbarer Jammer über meine Unordnung, mit M. Besuch bei Sydows, nachher wie toll Besorgungen, Besuche gerannt, bei Tisch der Greis und ich uns angegiftet, natürlich immer über den Ball. Ich wurde gefragt, ob ich einen Fächer hätte, sagte nein, ich bräuchte auch keinen. Dann fragte der Greis spitz, ob ich überhaupt wüßte, wozu man einen solchen gebrauchte. Ich sagte: natürlich, man gibt ihn seinem Tänzer, der zerbricht ihn und schenkt einem einen neuen. Stelle Dir die Entrüstung vor.

Überhaupt ist Tag und Nacht nur von dem Café Chantant die Rede – mir hängt die ganze Wirtschaft zum Halse heraus, diese Aufregungen über Kleider, Handschuhe, Schuhe, das Anprobieren derselben, dann der feierliche Hinzug, die »Erzählungen nach dem Ball«, Agnes' Aufregung mit Geschrei, es ist mir alles so entsetzlich zuwider. Und dann soll man noch dankbar für »das Vergnügen« sein.

Ach Liebster, es ist mir jetzt gar nicht gut. Ich werde mich krampfhaft aufrütteln und aufregen und erhitzen, und das bringt mich wieder so herunter. O wenn Du da wärest! Wie werde ich mich da nach Dir sehnen.

Ich habe heute tüchtig an meinem Aufsatz gearbeitet und bin fast fertig damit. Sonst komme ich zu nichts, und ich wollte so viel, lesen etc. Übrigens war mein Urteil über Marie unerhört oberflächlich; beim ersten Durchlesen berührte es mich unangenehm, beim zweiten ist mir die Schönheit erst aufgegangen, und beim dritten werde ich es vielleicht noch nicht verstehen. Aber es ist mir lange, lange nicht so sympathisch wie »Niels Lyhne«, obgleich es schön und einiges sehr schön geschrieben ist. Daß ein ideal angelegter Mensch nach und nach immer mehr versinnlicht, weil er an seinem Ideal vorbeigeht oder es an ihm, ist die Grundidee. Ich wollte, Du läsest es einmal, damit ich wüßte, wie Du es findest. Nun gute Nacht, es ist spät.

D. F.

22

L[übeck], 30. 12. 90

Ich sitze hier höchst ungemütlich und verfroren in der Eßstube, weil oben noch nicht geheizt ist. Ich bin – um den von Dir gelernten schönen Ausdruck zu gebrauchen – vollkommen und bei allen in »Verschiß« und ziemlich verstimmt.

Bei Mama ja schon seit vor Weihnachten wieder ganz gefallen, aber diese Tage ist es besonders doll. Heute morgen, als ich mit P. ausging, erklärte er mir, ich sollte heute, in Anbetracht des Balles, nicht aufs Eis; als ich sagte, daß ich auch gar nicht die Absicht hätte, erklärte er, ich sollte auch nicht mit Catty rennen, sondern nur »unter seiner Aufsicht ganz wenig gehen«. Ich dachte an das Droschkenvergnügen, ärgerte mich und antwortete ziemlich patzig, dann könnte ich ja nur gleich zu Bette gehen, wenn ich mich nicht bewegen dürfte, und ich wünschte die ganze Ballgeschichte zum Kuckuck, schlug dann die Gartentür zu und knirschte mit den Zähnen. Er natürlich wütend, verdonnerte mich; und nun sprechen wir nicht mehr miteinander.

Dann zog ich mit Agnes zur Schneiderin, und sie fing natürlich wieder von unseren Heimlichkeiten an, ich sagte ihr, sie könnte das Sticheln nur lassen, ehe sie etwas davon wüßte, worauf sie dann in Eifer geriet und mir sagte: sie glaube fest, und würde es auch immer glauben, daß wir uns immer mit ihnen verabredeten etc.

Ich sagte: Tue es nur, der Glaube macht ja selig.

Darauf: Catty hätte ihr einmal gesagt, er fände gar nichts daran, wenn ich Freunde hätte und mit denen spazierenginge. Wenn wir so dächten, würde ich natürlich auch schließlich so weit kommen, daß ich mit seinen Freunden verkehrte, und das Ende wäre dann natürlich irgendeine »dumme Verlobung«, denn wir fänden ja, Freundschaft, Liebe etc. müßten frei sein.

Ich sagte ihr in »schneidendem Ton«: es täte mir nur leid für sie, wenn sie solchen gemeinen Weiberklatsch ausspräche und dächte; mich berühre es nicht weiter, denn ich fände ihre Reden nur ekelhaft und lächerlich.

Schwer beleidigt antwortete sie, das würde natürlich so kommen, und mich würde natürlich bei erster Gelegenheit irgendeine Leidenschaft für irgendeinen dummen Jungen ergreifen etc.

Meine Antwort: das kann jeder Seehund sagen, entrüstete sie so, daß sie eine Zeitlang die Sprache verlor. Dann kam noch eine Rede über die Lügen, ich würde durch das Lügen noch moralisch ganz herunterkommen und schlecht werden, und alle unserer Freunde wären natürlich auch so und würden auch alle herunterkommen. Ich versicherte ihr, lieber würde ich mit meinen Gesinnungsgenossen in die Hölle kommen, als mit ihren in Lübeck sein.

Schade, daß ich Dir die ganze Unterredung nicht Wort für Wort wiedergeben kann, ich hätte Agnes nicht solche gemeine weibermäßige Auffassung zugetraut, wie sie sie heute entfaltete. Aber ich habe ihr ordentlich gegeben und bin stolz darauf. Sie könnte sich meinetwegen das Blaue vom Himmel herunterreden, ich fände sie nur im höchsten Grade lächerlich, und ich dankte ihr sehr für ihre Meinung, aus der ich mit Genugtuung sähe, daß wir miteinander fertig seien.

Das bin ich nun auch!

»Eine dumme Verlobung mit einem dummen Jungen.« Ist es nicht herrlich? Ich kann mich beim besten Willen nicht davon berühren lassen, es macht mir so absolut keinen Eindruck und stimmt mich höchstens zum Lachen. O, diese versteckte Albernheit. Das ist nun die Auffassung der Leute, die das »Schöne und Wahre« anbeten und Ideale haben, und wir sind die elenden Realisten.

Der Waffenstillstand bei uns ist nun also, wie ja auch vorauszusehen war, wieder zu Ende und der Belagerungszustand im vollen Gange, und anders wird es doch nie werden. Aber ich stehe jetzt ganz anders dazu, und das ändert die Sache; ich fühle mich trotz der momentanen Verstimmung doch freier und wohler dabei. Warum das Bewußtsein der fehlenden Liebe durch Wohlwollen und Freundlichkeit, die weder vom Herzen kommen, noch zum Herzen gehen, übertünchen.

Die *fehlende Liebe*, ach Gott, ja, dann ist keine Liebe zwischen uns, sie kann da nicht sein, wo *absolut* kein Verständnis ist.

Aber was kümmert es mich jetzt, ich habe Dich, und Du bist mir alles, und für Dich will ich es aushalten. Ich habe jetzt wieder Mut und Selbstgefühl und bin entschlossen, keinen Finger breit von meinem Weg abzugehen. Nimmer sich beugen, kräftig sich zeigen, rufet die Arme der Götter herbei – der Vers, von dem dies das Ende ist, ist seit langem mein Wahlspruch, und wenn ich auch nicht immer danach gehandelt habe, habe ich es doch immer *gewollt*, und jetzt will ich, wie ich noch nie gewollt habe. Für Dich! Du gibst mir die Kraft – *ohne* Dich hielte ich es nicht einen Tag aus.

Nur 2 Jahre, und dann bin ich frei! Dann mache ich mich frei, und wenn ich alle Schranken zerbrechen müßte. Dann bin ich es mir und Dir schuldig, mir mein Leben nicht noch weiter verelenden zu lassen.

Der schreckliche Café Chantant rückt immer näher, er steht vor mir wie ein Berg, der zu überklettern ist; aber dann ist diese Plage ja auch bald vorüber; das Schlimmste ist die Anzugwirtschaft; ich wehre mir alle Hilfe dabei mit Energie ab.

[...]

[Lübeck, 31.12.90] 1/2 2 Uhr

O Du mein Emanuel, mein einziger herrlicher Geliebter!

An Eurem Haus vorbei, lehnte ich mich nach dem Fenster hin und sah hinauf nach Deinem Fenster – da war es noch hell, und Du lagst im Fenster und sahst hinaus, sahst nach mir und dachtest an mich. Ich konnte Dich sehen, aber Du mich nicht, aber Du dachtest an mich, und wir sehnten uns nach einander, waren wir da nicht zusammen?

Ach, es ging mir ein solches Gefühl von tiefer innerlicher Ruhe und Seligkeit durch die Brust, in dem kurzen Augenblick! Habe Dank, Dank Du Geliebter dafür!

Da liege ich nun hier noch mit klopfender Brust und glühend erhitzt, habe all den Kram abgeworfen und mich warm eingewickelt, mit Deinem Bild vor mir und allein mit Dir. Ich will nicht zu Bett gehen, ich will hier liegen und von Dir träumen, mich ganz in Dich versenken. Du liegst nun vielleicht schon im Bett und denkst an mich. Wenn ich mich zurücklehne, sehe ich in den Mond – alles ist still – tiefer Frieden.

Ich bin glücklich, daß alles nun vorüber ist, vielleicht werden Dir die andern erzählen, daß ich sehr lustig gewesen sei, aber Du wirst mir mehr glauben, wenn ich Dir sage, daß mir so recht schwer, weh und sehnsuchtvoll ums Herz war. Ich dachte immer und immer wieder, wenn Du doch da wärest, wenn Du mich mit Deinen Armen umschlängest und ich mich an Dich schmiegen und so mit Dir dahinfliegen könnte!!

Ach, und nun war alles so verwirrend, so heiß und beklommen.

[...]

Und dann habe ich sehr viel mit Paul Fehling getanzt und gesprochen. Er, die Grethen und ich waren viel zusammen, wir erzählten ihm unseren Verkehr mit dem Ibsenclub. Ich finde ihn sehr nett, und wir haben uns auch wirklich angefreundet. Grethe Gutschow war so aufgeregt, daß wenig mit ihr anzufangen war, aber Grethe F. ruhig und nett. Da hast Du alles, was ich »erlebt« habe, und das war nun wirklich etwas. Alle diese interessierten mich ja schon darum, daß sie Deine Verwandten sind, und sie sind alle so reizend liebe Menschen und so freundlich gegen mich – wie kommt das nur?

Ich soll wohl jetzt alles mit Zinsen zurückbekommen, was ich an Liebe und Freundlichkeit entbehrt habe?

Von den andern Menschen habe ich kaum etwas gemerkt, die jungen Mädchen saßen da in rosa Haufen zusammen, steckten die Köpfe zusammen und fächerten sich – wie gewöhnlich.

Ich habe mich mit den Tänzern gar nicht oder sehr dumm unterhalten.

Fritz Sydow fragte mich, ob ich auch zu dem berühmten Ibsenclub gehörte und ob wir auch Cirkel und Cocarde hätten. Ich sagte ihm, daß es ein dummes Gerücht wäre, und er versprach mir schließlich, es nicht zu verbreiten, sondern zu dementieren, wenn er ihm begegnete. Natürlich wird er es jetzt erst recht tun. Anziehend finde ich ihn nicht gerade, aber Bobby und der ältere sind ganz nett.

Karl Fehling lehnte immer an der Tür und sah tiefsinnig durch seine Brille vor sich hin. Ich tanzte einen Lancier mit ihm, wobei er etwas auftaute.

Agnes war furchtbar, lachte und lärmte, daß man es meilenweit hörte, auf dem Rückweg redete sie ungeheuer auf mich ein, aber ich habe kein Wort verstanden, ich sah nur immer Dich, wie Du an Deinem Fenster hinaussahst.

23

Bettina von Arnim (1785–1859) gab 1835 ihren Briefwechsel mit dem von ihr leidenschaftlich verehrten Goethe und mit seiner Mutter als Goethes Briefwechsel mit einem Kinde *heraus. Auch die junge Reventlow befreundet sich mit der Mutter Fehlings, läßt sich von ihr aus der Kindheit Emanuels erzählen, vertraut ihr die Probleme der eigenen an und hofft darauf, Mitglied der Familie Fehling zu werden und dort die Geborgenheit zu finden, die ihr daheim versagt bleibt.*

[Lübeck,] 4.1.91 10 Uhr morgens

Wie danke ich Dir für Deinen wonnigen herrlichen Brief. Ich sitze hier nun zwischen allen Büchern, ohne zu arbeiten, sehe in das neblige Schneegestöber und beselige mich an Deinen Zeilen. Ich sehe mit Wonne daraus, daß Du Bettina ebenso empfindest wie ich, ich möchte beinahe sagen, man versteht die Liebe erst, wenn man es liest.

Ich habe das Buch Mama gestohlen, sie gibt gar nichts drum, und was soll es denn immer da in einer Ecke des Bücherschrankes stehen. So magst Du es ruhig behalten als Liebesbekenntnis von mir, von *Deiner* Bettina. Ich quäle mich jetzt nicht mehr damit, was ich Dir sein oder nicht sein könnte, dadurch daß ich mich Dir ganz zu eigen gebe, muß ich Dir ja etwas sein, was Du sonst nicht hast – Dich ergänzen.

Sage nicht, daß Du zu »ungelenk« seist, um Deine Liebe und Dein Empfinden auszudrücken. Deine Briefe sind mir wie frisches Wasser beim brennendsten Durst. Wenn Du mir nur immer so schreibst wie die letzte Zeit (vor Weihnachten waren sie oft so kurz). Sehe ich doch jedes Mal daraus, daß Du mich verstehst, daß unsere Gedanken und Gefühle sich berühren, daß Du alles teilst, was mich bewegt, und mir wieder alles mitteilst und daß mir Dein Herz gehört und daß dieses Herz so reich ist. Was braucht es mehr, Du Geliebter. Ach ja, wie arm müssen die sein, die solches Glück nicht kennen, und wir haben es so früh gefunden und gerade für uns beide im richtigen Augenblick. Mich hat jetzt alle Niedergeschlagenheit verlassen, und alles gleitet an mir ab, was mich vorher so bedrückte, und die Unruhe ist fort, mein Herz ist so still, seit ich Dich die letzten Male gesehen habe. Wie herrlich, daß Du Dienstag kommst.

Eins aber drückt mich doch noch und verursacht mir zuweilen schwere Gedanken, ich glaube nämlich, daß Du mich in meinem

Verhältnis zu meiner Mutter niemals wirst verstehen können? Du wirst sie nie von der Seite kennenlernen, von der ich sie kenne und die es mir unmöglich macht, sie zu lieben. Und wenn Du sie dann liebst und ich nicht, wie soll sich das ausgleichen. Du weißt ja, daß dieses Verhältnis eine wunde Stelle in meinem Herzen ist, aber auch eine harte, und das, fürchte ich, wirst Du nie mitfühlen können, wie könntest Du auch, weil Du eine Mutter hast, die Dich liebt. Und wenn Ihr mir auch alle sagt, daß sie mich doch liebt, das glaube ich doch nicht und werde es nie glauben; was ich nicht fühle, kann ich auch nicht glauben.

[...]

24

[Lübeck,] 6. 1. 91

Geliebter.

Ich bin so verwirrt vor Hitze, Erregung und Sehnsucht nach Dir, habe vergebens versucht, mich am Fenster abzukühlen, nachdem ich Dich fortgehen sah. Immer wieder müssen wir voneinander nach einem kurzen Augenblick! Ach Du Geliebter, verzeih, daß ich so schwach bin, es kommen immer wieder Augenblicke, wo ich denke, ich könnte nicht weiter und müßte zusammenbrechen vor verzweifelter, wahnsinniger Sehnsucht nach Dir. Das Leben, das tägliche kleinliche rohe Leben tut mir so weh, und ich stoße mich wund an allen Seiten, und es liegt so grausam zwischen uns.

Wenn Du nicht wärest, hätte ich mir längst das Leben genommen! Aber ich weiß nicht, was diese Betrachtung soll. Siehst Du, mir tut alles, alles weh, nur in den Augenblicken, wo ich Dich habe, wird es still. Ich weiß nicht, ich habe immer ein Gefühl, im tiefsten Innern krank und wund zu sein, und ich dachte, das wäre nun vorüber, aber es ist immer wieder da. Ich will ja versuchen, es herunterzukämpfen, aber ich fürchte, es könnte einmal stärker werden wie ich, und davor habe ich so furchtbare Angst.

Mieze und Albert sind nun wohl schon unterwegs, ich habe immer heute abend an die beiden gedacht.

Könnten wir auch so vereint sein, allein wir beide fortfahren, weit fort aus all der Quälerei und Trennung, allein mit Dir.

Aber nun lange Tage, Wochen, Jahre ohne Dich, fern von Dir hinschleppen. O sei mir nur nicht böse! Mir tut der Kopf und das Herz so weh zum Zerspringen, und nun muß ich wieder hinunter, und Du bist so weit weg.

10 Uhr
Nun bin ich wieder allein, Catty und ich saßen uns gegenüber und dachten wohl dasselbe, daß es unaushaltbar wäre und wir am liebsten fortgestürzt wären. C. brachte mich eben hinauf, und wir standen eine lange Zeit in fester inniger Umarmung da, ich weiß nicht, wir waren beide so bewegt, daß wir kaum sprechen konnten. C. sagte nur, Du solltest mir alles von ihm sagen, er selbst könne nicht darüber sprechen.

Könntest Du doch jetzt hier auf meinem Bett sitzen und mich zur Ruhe sprechen und ich könnte Dir mein heißes törichtes Herz ausschütten. Wie ich vorhin auf Deinen Knien saß, da war es so schön – und nun bin ich so unruhig wie lange nicht.

Mich hat heute der Anblick des Gutschowschen Paares und der ganzen Wirtschaft aufgeregt, ist es nicht zu töricht?

Und dann nachher bei uns, ich kann es nicht aushalten, wenn die Menschen da alle sitzen, essen, trinken, rauchen, sich unterhalten, es ist mir alles so zuwider, ich sehnte mich danach, hinauszustürzen in den Schneesturm, nur fort, nur fort! Und dann Dich an meiner Seite, Dich sprechen zu hören und Dich zu sehen, es durchzitterte mich so vor Erregung, ich konnte es kaum aushalten. Ich hätte Mama heute anbeten können, so himmlisch sah sie aus, und wenn sie sprach!

Ich will aufhören zu schreiben, schlafen kann ich noch lange nicht, ich kann mich noch nicht beruhigen. Du bist nun so überhetzt und wirst mir auch die nächsten Tage noch nicht schreiben können? Du sollst es auch nicht, Du sollst nur an mich denken.

25

L[übeck], 14. 1. 91

Liebster.

Mir ist heute abend wieder wunderbar leicht zumut. Das Zusammensein mit Dir hat mich wieder so gestärkt, nach einer ganzen langen Woche endlich einmal. Es ist so gräßlich selten, und doch geht es nicht anders, es entlockt mir im stillen manchen Seufzer, aber nicht wahr, ich bin doch jetzt sehr vernünftig?

Aber ich will nun auch darin vernünftiger werden, daß ich nicht mehr so viel schreibe, ich täte ja am liebsten den ganzen Tag nichts anderes und schriebe Dir jeden Tag ganze Bücher. Aber es ist ja vielleicht besser, sich auch darin etwas einzuschränken und maßzuhalten, und was hast Du davon, wenn ich Dir Tag für Tag haarklein die Erlebnisse eines jeden aufzähle?

Hoffentlich ist Deine Erkältung nun nicht schlimmer geworden durch die Domkälte, nimm Dich nur recht in acht auch mit dem Käseessen, sonst gräme ich mich um Deinen schönen Teint und demoliere meinen auf irgendeine Weise, um mit Dir zu harmonieren. –

Auf dem Rückweg begegnete ich Anne Abraham und verabredete mit ihr einen Gang morgen mittag.

26

[Lübeck,] 17. 1. 91

Geliebter –

Nun gehst Du unter dem hellen Sternenhimmel nach Hause. O ich weiß, daß Du an mich denkst! Und ich liege hier und kann's nicht lassen, ich muß Dir noch schreiben. Du wirst doch nicht böse sein, daß ich am Fenster war? Nein, das wirst Du gewiß nicht. Ich konnte es nicht lassen, es war so schön. Wie ich erst heraufkam, da ging ich gleich zu Bett, aber es litt mich nicht darin, ich konnte nicht ruhig daliegen, wenn ich wußte, Du seist mir so nah. Ach, und zugleich so endlos fern. So stand ich denn wieder auf, wickelte mir eine Decke um und stand eine ganze Stunde am Fenster. Könnte ich Dich diese eine Stunde mitempfinden lassen –.

Es war draußen so zauberhaft mit den Sternen und dem Schnee; ich lehnte mich ans Fenster, so daß das Rouleaux zwischen mir und dem dunklen Zimmer war. Auf demselben zitterten die Lichter von draußen in hellem Widerschein, und wenn ich in die Stube hineinsah, sah ich nur die Bilder über meinem Bett glänzen; draußen gingen nur einzelne Menschen, einige mit Laternen, ein Wagen fuhr vorbei, eine große schwarze Masse mit einer Laterne; in den Häusern gegenüber kamen und verschwanden Lichter, und dann, als es von allen Kirchen elf schlug –

Und ihr saßt unten, trankt Wein und unterhieltet euch; Du standst nicht bei mir, konntest das Schöne nicht mitgenießen! Mir wurde so ruhig und zugleich so sehnsüchtig, es war Ruhe wie ein stilles tiefes langes Gebet. Und sehnsüchtig. Ich hätte vergehen mögen in Licht, Liebe, Frieden! Und dann klopfte mir das Herz so wild, als ich Dich erst unten hörte, dann mit Catty heraufkommen und Du dann fortgingst. Mir kamen wilde Gedanken, wie, wenn ich mich nun hinunterstürzte aus dem Fenster, so gerade vor Deine Füße, dann wäre ich bei Dir, Du würdest mich mit Deinen Armen aufheben, und dann könnte ich noch einmal in Deinen Armen liegen und dann sterben. Wäre das nicht am besten und schönsten für mich, einmal ganz und voll Dein zu sein und dann nicht mehr.

Warum war Catty mit Dir, ich wollte Du wärest allein gewesen. Jetzt will ich schlafen, wenn Du nach Hause kommst, siehst Du wohl noch aus Deinem Fenster und denkst an mich, und dann schlafe ich schon, und Du segnest meinen Schlaf mit Deinen Gedanken. O dies Versenken in die stille Nacht ist so selig, da bist Du ganz mein, und ich umfange Dich mit meinen Träumen, Du süßer Geliebter, schlaf Du auch süß, träume von Deinem treuen, sehnenden Kind.

27

L[übeck], 20. 1. 91

Es ist 1/2 12 und ich bin halbtot vor Müdigkeit. Du mußt es wirklich anerkennen, daß ich noch schreibe – bis eben Geographie gelernt und die Augen tun mir weh. –

Den herzlichsten Dank für Deinen Brief. Daß Du, anstatt mich zu besingen, Biergedichte machst, ist allerdings sehr knickend für mich, aber ich kann es Dir nicht verdenken; ich fange an, auf Kaufft eifersüchtig zu werden, sieh nur zu, wie Du es wiedergutmachst. Daß unsere Sympathie so weit geht, daß wir uns – wie ich aus Deinem Schluß sehe – am selben Abend um dieselbe Stunde an frischer Bettwäsche erfreuen, ist herrlich, ich habe heftig darüber gelacht.

Dein Brief war so inhaltsreich und so lieb – ich mußte ihn 1 1/2 Stunden ungelesen in der Tasche herumtragen, eine wahre Tantalusqual, aber der Genuß nachher um so größer.

[...]

Die Musik war schön heut abend. Wie ich zu Mesmers ging, um sie abzuholen, war es so schön draußen, ich setzte mich auf ihr Haustreppengeländer und schwelgte eine Zeitlang in Schnee und Lichtanblick.

Der Conditorzug heute morgen war ziemlich öde, es war so schrecklich gesittet, lange nicht wüst genug. Anne Abraham war wie immer reizend, aber die beiden anderen entsetzliche Kamele. Heute mittag wollten wir zu Grethe, trafen sie nicht und gingen mit Alwine um den Wall.

Nun gute Nacht, ich bin so müde, verzeih mein dürftiges Schreiben von heut und gestern, Du Geliebter, also erst übermorgen im Dom.

F.

28

[Lübeck,] 17.2.91

Mein süßer, süßer Emanuel.

Ich muß Dir heute abend noch lange schreiben, aber ich kann mich kaum dazu sammeln, so ganz bin ich noch im Traum, in dem kurzen seligen Traum des heutigen Abends. Eben habe ich noch einmal das weiße Mondlicht eingesogen und fühlte noch einmal die ganze Wonne von vorhin, als wir ganz allein in der weiten Nacht am Weg saßen und ich zu Dir hinauf und gerade in den Mond sah. Vor zwei Stunden war es. – Und ich habe Dir gar nicht gesagt, wie schön es sei, wie ich Dich liebte, aber das Herz war mir zu voll. Ich habe bis jetzt die von Dir angestrichenen Gedichte gelesen, Du Geliebter, wie danke ich Dir so von ganzem Herzen für diese geliebte Gabe von Dir, ich kann Dir gar nicht sagen, wie Du mich damit erfreut hast. Diese beiden Bücher von Dir, wo Du meinen Namen draufgeschrieben und drin angestrichen hast, die werden ein solcher Schatz für mich sein! Wenn ich Deine Lieblingsgedichte lese, so werde ich mir denken, daß Du sie gemacht hättest und für mich. Aber doch nicht ganz, denn Du wirst ja niemals über *verlorene* Liebe dichten. Niemals, Emanuel! Das kann niemals sein. Mag sich von außen her zwischen uns alles, was nur möglich ist, stellen, wir halten doch ewig aneinander. Ich fürchte nichts! Du sollst mich nicht wieder über meine Schwachheit zu schelten haben, oder nein, ich tue Dir Unrecht, denn Du hast ja gar nicht daran gedacht, mich zu schelten, aber Du sollst sie nie wieder sehen.

Wie schön sind die Abschiedslieder, es ist, als ob sie für uns gemacht wären. Ach Du, könnte man dichten, jedes Gefühl so gestalten, welch herrliches Gedicht wollte ich dann über unsern heutigen Gang machen. Es wurde mir so schwer, mich wieder in die Wirklichkeit zurückzuversetzen, und ich kam mir ganz verzaubert gewesen vor, als ich mit Catty beim Teetisch saß, und machte lauter Dummheiten, warf alles um etc. Catty war uns entgegengegangen nach der Moislinger Allee und kam gleich nach mir zurück. Ich fand die Haustür, wie Du wohl noch sahst, offen. Die Bücher liegen jetzt unter meinem Kopfkissen, und ich freue mich so daran.

Ob wir uns morgen sehen, hoffentlich kannst Du! Die drei Tage, wo Ihr fort seid, will ich sehr fleißig sein und Massen lesen. Es ist dumm, daß Alwine ihr »Germinal« auf französisch ist, es ist viel schwerer, und ich liebe die Sprache überhaupt nicht. »Zarathustra« wird immer himmlischer, den wollen wir später als Andachtsbuch gebrauchen, jeden Morgen und jeden Abend draus lesen – »Aber Ihr zu Tiefen, Ihr leidet auch zu tief an den kleinen Wunden« – ist das nicht schön und wahr. Meinetwegen will ich denn jetzt erstmal auf das Lesen von »Nana« verzichten, ich will Dir nur offen sagen, daß es mir nicht recht ist – im Prinzip –, wenn Du von irgend etwas zu mir sagst, das ist nichts für Dich oder das sollst Du lieber nicht lesen oder so. Denn Du sollst mich nicht wie ein Kind behandeln, das Schonung braucht, sondern wie Deine Gefährtin, die alles tun, hören, sehen, lesen kann, was Du tust etc. Aber bitte beziehe dies nicht auf einen einzelnen unwesentlichen Fall, sondern nur im allgemeinen. Ich muß Dir ja später Deine Prozesse führen helfen, damit Du schneller fertig bist und Zeit für mich hast; oder soll ich lieber mit einem Strickzeug dabeisitzen! Ach Liebster, wie ist es doch so schön, sich die Zukunft auszumalen. Wenn ich mich bis dahin im Malen ausgebildet habe, dann müssen wir mein Atelier und Deine Rechtshöhle nebeneinander haben, und dann stören wir uns fortwährend, aber Du wirst dann niemals böse und schiltst mich niemals. Siehst Du, ich bin so entsetzlich viel gescholten und gestraft worden, daß es für mein ganzes Leben ausreicht. Und dann können Deine Klienten mir gleich Modell sitzen.

Ich habe nur vor zwei Dingen Angst, nämlich daß Du Dich hier niederläßt und daß Du so ein »überbürdeter« Rechtsanwalt wirst. Wäre es dafür nicht gut, wenn ich auch Jura studierte und Dir dann helfen könnte? Ich möchte überhaupt, wenn man das in einem kurzen Menschenleben könnte ...

Ach Du, was schreibe ich Dir heut abend für einen sinnlosen Brief zusammen, ich muß es wirklich anfangen, Dir seltener und vernünftiger zu schreiben.

[...]

Wir wollen das heutige Datum behalten, 17. Februar – es war einer unserer schönsten Tage, wo wir uns ganz angehören durften.

Da schlägt es 12, ich könnte noch und noch fortschreiben, aber dieser Arm ist unerträglich, und ich muß mich wohl grade hinlegen.

Noch einmal Dank für Dein süßes Geschenk.

Geliebter, ich fühle es, daß Du jetzt auch an mich und an den Mondschein denkst, wie ich Dich liebe, Du Einziger, Liebster! Gute Nacht.

Kannst Du nicht Donnerstag abend ins Theater kommen, die »Hugenotten« werden gegeben.

29

[Lübeck,] 23.2.91

Geliebter –

Du mußt mir nicht böse sein, wenn ich nur noch ein paar Worte schreibe; aber erstens kann ich das Licht nicht zu lange brennen lassen, da Agnes und Mama aus dem Vereinshaus gegen 11 oder so zurückkommen, und dann bin ich sehr müde und meine Gedanken durcheinander gewirrt.

Nun will ich Dir noch einmal für die Bücher von Herzen danken. Auch für Deinen Brief noch sehr vielen Dank, es tut gar nichts, daß ich ihn erst heut bekam, er macht mich glücklich. Muß es mich nicht glücklich machen, zu wissen, daß Du Dich nach mir sehnst? Zu dumm von mir, zu sagen, warum Du mir im Bett nicht geschrieben hättest, verzeih, es war wirklich scheußlich von mir, ebenso, daß ich mich heute abend abfällig über die Kneiperei äußerte. Bitte glaube nur nicht, daß ich so albern bin, Anstoß daran zu nehmen, ich wollte es ja nur gerne selbst mitmachen – aber wenn man die ganze Sache und die ganze Wirtschaft, lauter lallende Menschen, Bier- und Tabaksluft etc. skeptisch betrachtet, so erscheint sie einem widerwärtig, und ich mag mir Dich nicht in Verbindung mit irgend etwas Widerwärtigem denken. Aber das ist ja lächerlich, da ich weiß, daß Du darüberstehst und Dich das Ekelhafte nicht berührt.

Ich las erst in den Gedichten von Dir, Dein Großvater ist wirklich so ein veredelter Mensch – aber wie soll man so werden?

Dann las Catty mir »Zarathustra« vor, während ich auf 5 Stühlen ausgestreckt lag. Es ist herrliche Wahrheit, wir waren beide ganz hin. – Um 3/4 9 erschien der Greis erst.

[...]

F.

30

[Lübeck,] d. 26. 2. 91, 1/2 11 Uhr

Endlich ist es nun ganz Ruhe, ich bin allein, und meine Gedanken suchen Dich auf. Ihr werdet jetzt wohl von der Kneipe zurückziehen, tobend und brüllend. Herrlich muß es sein, so in die Nacht hinaus. Weißt Du, ich möchte mit Dir dabeisein, auf Deinen Knien sitzen, aus Deinem Glas trinken – so wie das eine Bild von Rembrandt, weißt Du, welches ich meine? Und dann nachher mit Dir durch die Mondnacht zurückrennen und Lärm machen, *so einmal sich recht tobend ausleben*, und dann durchs Fenster wieder ins Haus klettern. Das wäre schön!

Aber für die Gegenwart muß ich allerdings alle Wünsche nach Leben zurückdrängen, und ich liege hier ganz gefaßt im schönsten Mondschein mit »Zarathustra« und begnüge mich damit, an Dich zu denken, weil ich Dich nicht haben kann.

Was denkst Du eigentlich, daß ich Dir für Deinen neulichen Brief noch gar nicht ordentlich gedankt habe? Du hast so recht über das Lügen, und ich fühle mich wirklich tief beschämt, wenn ich an meine grenzenlose Verlogenheit denke. Ich habe mich so daran gewöhnt, es ist ja jahrelang mein tägliches Brot gewesen, immer zu lügen, früher um Ohrfeigen und Strickzeugen zu entgehen, und dann ist es mir zur süßen Gewohnheit geworden. Ich habe Dir noch nie etwas Unwahres gesagt, aber ich muß doch gestehen, daß ich mich in Kleinigkeiten oft erst auf die Wahrheit besinnen muß, weil mir die Lüge viel näherliegt und bequemer ist – und bei den meisten Menschen kommt es mir auch gar nicht darauf an. Aber das, fühle ich, ist nicht in Deinem Sinn gesagt, und es soll anders werden, verlaß Dich drauf.

Heute morgen hatte ich wirklich die redliche Absicht, zur ersten Stunde zu gehen, Catty brachte mich hin; als ich aber in die Klasse kam, hatte die erste Abteilung doch Rechenstunde, ich wußte nicht, wo die andern waren, und rannte wieder fort und mit Catty ans Mühlentor. Hausberg hatte mich aus dem Fenster gesehen und sich sehr gefreut. Zur zweiten Stunde kam Jörns nicht, und so stürzten wir alle fort, ich zu Alwine. Die Stunde bei Zimmermann war wie gewöhnlich sehr nett, er hat uns nur wieder einen blödsinnigen Aufsatz gegeben: Durch welche Seelenzustände führt der Dichter Maria Stuart von der Todesfurcht zur Todesfreudigkeit!

Nach der Schule saß ich eine Stunde im offenen Fenster, las in Deines Großvaters Gedichten und trank Bier dabei; dann rannten Catty und ich noch eine halbe Stunde. Bei Tisch natürlich Dispensier-, Gesundheitstrinkereisimpelei. Nachher ging ich mit dem Greis um den Wall und die Hüx. Es war eigentlich wunderschön; nachdem das Thema der 3 herrlichen Söhne absolviert war, sprachen wir wenig mehr – ich konnte mich dem Genießen des herrlichen Frühlingsabends überlassen. Der Blick auf die ...

31

L[übeck], 11.4.91

Geliebter Emanuel.

Laß mich Dir zuerst für Deinen heute morgen erhaltenen Brief danken. Du bist ja schon ganz »Militärsoldat«. Es freut mich sehr, daß es Dir, wie aus dem, was Du schreibst, hervorgeht, gut zu bekommen scheint, wenigstens gesundheitlich. Dein Bild finde ich nicht sehr gut, jedoch freut es mich, es zu haben.

Im Bett
Vor allem muß ich Dir nun etwas mitteilen. Ich habe Schluse unser Verhältnis mitgeteilt. Es würde mich sehr schmerzen, wenn es Dich unangenehm berührte, das weißt Du. Aber Du darfst es nicht als Indiskretion von mir auffassen, ich habe es nicht aus dem Bedürfnis getan, mein Geheimnis mit jemandem zu teilen, mich auszusprechen (das wäre eine Indiskretion), sondern weil es mir unmöglich war, Schluse etwas vorzulügen, direkt oder indirekt. Ich habe die ganze Woche darüber nachgedacht und ihm heute Bescheid gesagt.

Siehst Du, Emanuel, und ich baue fest darauf, daß Du mich hierin verstehst; ich habe in ihm einen Menschen gefunden, der mir sehr viel ist, eine Brücke zum Nietzsche-Menschen, kurz, einen Freund, und fühlte deshalb die moralische Notwendigkeit, reine, klare, wahre Beziehungen zwischen uns herzustellen, und dazu war dies erforderlich.

Siehst Du, wenn ich mich in Deine Seele hineinversetze, so glaube ich, daß Du es zuerst sehr dumm findest und dann doch findest, daß es gut ist, daß ich hier jemand habe, an dem ich etwas habe.

[...]

12.4.91
Ich bin augenblicklich sehr schlecht aufgelegt, der Frühling sitzt mir in allen Gliedern, und ich habe so ein müdes, schwerfälliges Gefühl, das mich faul und unfähig macht, mit dem Kopf zu arbeiten; und schließlich jeden Morgen heftiges Bauchweh, aber es wird schon vorübergehen.

Hast Du am 10. an unser einjähriges Korrespondenzjubiläum gedacht? Gestern vor 2 Jahren zogen wir aus Husum aus. Die Jahre rennen wirklich nur so. Weißt Du, ich hätte nie gedacht, daß ich so nüchtern über unsere Trennung hinwegkäme, aber ich habe jetzt überhaupt alle Sentimentalität etc. mit Gewalt abgeschüttelt. Ich hätte das schon eher tun sollen, aber es war so schön, sich noch einmal so recht darin gehenzulassen, und dieses Jahr ist doch trotz allem sehr reich an Schönheit gewesen. Überhaupt betrachte ich jetzt alles von dem Gesichtspunkt, den Du mich gelehrt hast, nämlich alles Schwere, Unangenehme, Trennende als Durchgangsstufen zu betrachten.

32

L[übeck], 2.5.91

Liebster E.

Ich bin seit Dienstag jeden Tag zur Post gestürzt, aber noch immer nichts von Dir, so gebe ich denn heute die Hoffnung auf, will Dir aber doch nicht Gleiches mit Gleichem vergelten.

Ich habe gestern einen furchtbaren Reinfall zustande gebracht und sitze nun morgens um 1/2 7 hier bei schönstem Frühlingswetter mit dumpfem Jammer, um Dir zu beichten.

Also, wie Du wohl von Catty gehört hast, war gestern Mienes Jubiläum. Sie hatten sich ca. 10 Leute eingeladen, einer eine Harmonika mitgebracht, und tanzten nach dem Fraß. Ich hatte bis $^{1}/_{2}$ 11 gearbeitet, war dann unten, wo auch Pastor Bernhard war, sagte gute Nacht und verschwand, ging aber nicht zu Bett, sondern in die Küche, und tanzte mit Juchhe mit. Es war eigentlich brillant, in unserer ziemlich engen Küche mit lauter »schlichten Handwerkern« und deren Gattinnen. Alles sang und johlte beim Tanzen, es wurde mächtig Punsch getrunken, Hochs ausgebracht etc. Als das Tanzen zu Ende war, wollte ich ab, aber sie baten mich, dazubleiben. Nun wurde noch gesungen, unsere Köchin deklamierte, Miene dito. Du glaubst gar nicht, wie famos die ganze Orgie war. Da auf einmal erscheint Papa in der Küche – dies war nebenan – und ruft »Fanny«. Weiß Gott, wie er es gemerkt hat, ich kriege einen elementaren Schrecken, krieche unter den Tisch, muß aber heraus und mit ihm ab. Stelle Dir das vor, es war einfach erschütternd; er fragte mich ca. 5 mal, ob ich verrückt sei, worauf ich laut und kräftig »Nein« sagte; ob ich betrunken sei, »Nein«! Was ich mir gedacht hätte? Ich wußte es wirklich nicht, ich hatte nur eine Heidenangst gehabt. Es war 12 $^{1}/_{2}$ Uhr, alles zu Bett, folgte eine $^{1}/_{2}$ stündige *gräßliche* Unterredung mit Papa.

Ich war übrigens ziemlich angeheitert und konnte mich absolut nicht besinnen, wo und wer ich und was da los sei. Ich weiß nur noch so ungefähr, daß ich ihn anflehte, mich nicht fortzuschicken, indirekt, indem ich behauptete, sie würden mich nun ja fortschicken, ich brauchte nun nicht weiterzureden. Papa setzte mir auseinander, daß ich mich und ihn »blamiert« hätte und immer blamieren würde, selbst dabei zugrunde gehen etc.; dann, wie die Stellung eines jungen Mädchens in unserem Hause wäre – Agnes als Ideal von angenehmer Stellung aufgestellt –, daß ich niemals eine andere erlangen würde, er mich *niemals* gehen lassen würde etc., etc.

d. 3.5.91
Zuletzt ziemliche Rührung – wäre ich nur ganz klar bei Besinnung gewesen, so wäre ich erstens nicht unter den Tisch gekrochen, was wirklich eine unsagbare Dummheit war, und hätte mich ferner überhaupt nicht auf die Unterredung eingelassen. Viel habe ich nicht gesagt, aber doch einigen Blödsinn von unerträglicher Freiheitsbeschränkung, was mir gestern, also am folgenden Tag, mit Schrecken wieder einfiel. Ich wußte an dem Unglücksabend überhaupt nicht, was ich sagte. Papas Rede verursachte mir so ein Gefühl, als ob um mich geschmiedete eiserne Reifen fester angezogen würden.

Als Schülerin
im Lehrerinnen-Seminar, 1891.

Das Schlimmste ist, daß er sich jetzt überhaupt meiner »annehmen« will; ein solches Verhältnis ist eben ganz unmöglich wegen allem, was zwischen mir und den Eltern liegt, und jeder Versuch, ein solches herzustellen, eine unerträgliche Quälerei für beide Parteien. Freue Dich, Emanuel, daß Du so etwas nicht durchzumachen hast, es ist furchtbar, zerreißend und aufreibend, und ich könnte bei dem Gedanken, was noch alles kommt, kommen muß, fast mutlos werden. – Ich habe diese Woche in ziemlicher Misere zugebracht, sonst hätte ich Dir auch eher geschrieben, aber ich war ganz stumpfsinnig. – Mir kommt vor, als ob ich Dir ewig lange nicht ordentlich geschrieben hätte und Du mir ebenfalls nicht. Ach Emanuel, laß uns das nicht anfangen, ich kann Dir nicht sagen, wie es mir fehlt, wenn Du nicht schreibst, es kommt mir dann so zwecklos vor, Dir alles vorzureden, wenn ich keine Antwort darauf bekomme, kein Eingehen von Deiner Seite.

Nun will ich erstmal alle Erlebnisse nachholen, unter denen sich freilich nichts Hervorragendes befindet. Seit Schluse fort ist, fühle ich mich gänzlich verödet und entbehre ihn sehr. Am letzten Morgen sind wir zusammen auf der Wakenitz gerudert, das war sehr, sehr schön. Wir wollen regelmäßig korrespondieren; er hat mir zweimal geschrieben und sein Bild geschickt; ich habe ihm zwei von Catty und mir gegeben und, weil er gern eines von mir allein haben wollte, eins von dem Preetzer, was nur Du und Catty haben, machen lassen [Abb. S. 67].

Ewers habe ich zweimal besucht, hat er Dir von seiner Stellungsveränderung geschrieben? Dann einmal morgens bei Grethe Gutschow, die noch im Bett lag, eine Stunde bei ihr gewuzelt.

d. 5.5.91
Heute wieder nichts von Dir, es ist mir einigermaßen unbegreiflich, aber Du wirst ja schon irgendeinen Grund haben – ich bin jeden Tag seit 8 Tagen in der Post gewesen.

33

L[übeck], 13.6.91

Lieber E.

Ich habe Dir entsetzlich lange nicht geschrieben, verzeih es mir, ich war immer so stumpfsinnig. Tag für Tag dieselbe Tretmühle, dasselbe Elend zu Hause und die gleiche Ermattung. Catty gibt mir sehr viel zu denken, er wird wohl mit Dir gesprochen haben. Kannst Du ihn nicht etwas zur pekuniären Solidität ermahnen. Wenn er nicht auskommt und Geld verlangt, gibt es unendlichen Jammer.

Seit 1 ½ Wochen ist der alte Platen hier, ich muß Dir über ihn schreiben, weil mein Verhältnis zu ihm oder vielmehr er überhaupt etwas bedrückend ist. Eigentlich, offen gesagt, ist es mir das immer gewesen, und dabei habe ich immer diesen teuflischen Gedanken im Hintergrunde, daß er mir helfen sollte. Nun, dieses will er schon, sagte mir, daß ich mich nur, wenn ich malen wollte, an ihn wenden sollte, er würde mir immer soviel geben, wie ich haben wollte. Ich besuchte ihn 2 mal morgens im Hotel und ließ mir 10 Mark von ihm geben, um einige Bären loszubinden. Ich habe Dir erzählt, daß er immer entsetzlich zärtlich gegen mich war. Diesmal natürlich auch. Er fragte mich, ob ich ganz Sozialistin und auch für die freie Liebe sei?

Ich sagte: »Natürlich«.

Darauf, ob ich mit ihm durchgegangen wäre, wenn er noch jung sei, ich sagte, das könnte wohl sein, aber das wäre ja zu spät.

Er: o nein, das wäre es gar nicht, und ob ich nicht jetzt noch mit ihm eine »freie Liebe« wolle? Ich lachte ihn aus und sagte, das wäre doch nichts mehr, aber er meinte es in allem Ernst. Ich blieb standhaft dabei, zu lachen.

Ist es nicht gänzlich verrückt, denn Du mußt nicht glauben, daß es nur so ein Scherz von ihm war, das war es schon nicht.

Siehst Du, es ist mir nun maßlos unsympathisch bei ihm: dieses Wiederaufflackern der verlebten Sinne bei einem Greise einem jungen Individuum gegenüber, dessen Großvater er sein könnte und das er jedenfalls für ein nichts wissendes Kind hält. Ich habe das bei dem Alten von jeher gefühlt, daß ich diesen Einfluß auf ihn ausübte, und mir seine Zärtlichkeiten nur mit innerem Unbehagen gefallen lassen; aber ich kann doch auch nicht anders wie freundlich gegen ihn sein, wenn er es so sehr gegen mich ist, und fühle mich dabei sehr falsch und ungemütlich. Du wirst es verstehen, und sage mir, was Du meinst, Liebster.

Siehst Du, ich habe so viel zu denken und moralisch zu verdauen gehabt, daß ich deshalb nicht zum Schreiben kam und aufgelegt war. Gedacht habe ich immer an Dich, mich erinnert ja alles hier an Dich, die Kirchen, die Wege, die wir zusammen gegangen sind. Ich habe mich gleich von Anfang an ganz ruhig darin gefunden, daß Ihr weg seid, und ich denke es gut auszuhalten, wie lange es dauern mag, es ist ja alles nur Übergang und Vorbereitung. Kannst Du Dir denken, wie mir zumute ist, wenn ich mit anderen Menschen im Dom bin und da noch unsere Fußspuren auf dem Grabstein sehe. Jene Stunden kommen mir dann wie ein Traum voll Frieden vor, und es wird mir so unendlich wehmütig. Wirst Du im Herbst kommen?

[...]

Seit 14 Tagen bade ich mächtig in jeder Seminar-Freistunde bei Blöß und nachmittags erlaubterweise in der Lachswehr. Ich kann glücklich ein kleines Ende schwimmen, hatte es ganz verlernt, aber der Arm wird mir bald lahm, und ich bin grausam kurzatmig, 2mal schon beinahe versoffen. Dann hättest Du mich nur als Wasserleiche wiedergesehen.

Die schon oft erwähnte Brand und eine Seminaristin namens Kölisch, zwei sehr fidele Häuser, sind auch meist da, und es wird dann ein rasender Radau gemacht. Beide schwimmen brillant und mißhandeln mich als es nicht Könnende mit Untertauchen etc. Gestern war ich am Morgen ¼ und am Nachmittag ½ Stunde drin. Schließlich zogen wir in die Lachswehr und tranken Schnaps zur Erwärmung.

Ich habe jetzt 2 Stunden Anschauungsunterricht gegeben und gänzlich Fiasco gemacht. Unser neuer Pastor Andresen ist sehr nett, er lacht immer mit, wenn wir albern werden. Anni Claussens Seitenblicke auf mich, wenn ich bei der Religion lache, sind malerisch.

Der Greis ist in Preetz, ich allein mit Mama und der Eutiner Tante ...

Der heilige Antonius ist meine ganze Freude, ich habe mich ganz hineingesehen.

Übrigens hat Käthe Wohlert den Gedanken und Wunsch, später mit mir zusammenbleiben zu wollen. Ich weiß nicht recht, ich glaube, ich würde es nicht aushalten, sie macht mich zuweilen schrecklich nervös.

Ewers und ich sehen uns zuweilen in der Post des Morgens in der Früh. Wie wir uns damals bei Marret trafen, um unsere Briefe an euch zu vereinigen, war ich schon ca. 1/2 Stunde zu früh da und mußte nun die ganze Zeit convulsivisch essen, um mein Dasein zu motivieren. Als E. erschien, merkte das Conditorfemininum die Geschichte und lächelte fein. Darauf mußte ich wieder ihm zur Gesellschaft weiterschlingen, die Folge war, daß ich auf dem Rückweg mich ängstlich hütete hinzufallen, um nicht zu platzen.

Hab' ich Dir von dem jungen »Blödsinnigen« erzählt, der sich mir immer zugesellt? Wir gehen meist unter irren Gesprächen, von denen ich kein Wort verstehe, zusammen zur Schule. Ich habe überhaupt unzählige derartige Freunde, und der Schulweg ist von A bis Z eine Kette von Begrüßungen mit jungen Blödsinnigen, alten Juden, Bahnbeamten, Marktweibern und den beiden Glanzpunkten Galle und Graf Götzen.

Ich habe mir auf Pump den »Zarathustra« angeschafft, d.h. bestellt, ich *mußte* ihn haben.

Für heute gute Nacht, d.h., es ist erst 8, aber ich muß zum Tee. Gott sei Dank, morgen kann man ausschlafen, ich träume jetzt nie mehr von Dir, sondern immer vom Schwimmen und Probelektionen.

34

Kaltenhof, d. 6.7.91

Mein liebster Em.

Wir haben uns wahrscheinlich gegenseitig über langes Nichtschreiben gewundert. Wenn wir uns nun im Herbst wiedersehen, werde ich Dir mit der Mesmerfrage entgegentreten, »ganz fremd geworden«. Ich sehe es schon kommen, daß wir wie in der letzten Zeit vor Ostern uns nie sehen werden. Ich habe mich innerlich sehr verändert seitdem, es ist auch ganz gut, daß wir nicht hier zusammengeblieben sind, denn das Examen hätte ich dann nicht fertiggebracht, was mir sowieso etwas zweifelhaft ist. Ich bin noch zu faul gewesen.

Die letzten Wochen in L. war ich sehr auf dem Hund, infolge des schon einmal erwähnten Heufiebers. Wenn ich mittags aus der Schule kam, lag ich 2 Stunden auf dem Bett, kroch dann zum Baden und mußte die übrige Zeit ochsen. Das Baden war himmlisch, ich habe es aber ziemlich übertrieben, zuweilen 2 mal am Tag (einmal vom Seminar aus), ewig lang dringeblieben etc. Ich schwimme jetzt immer ohne Grund, bin sehr stolz auf meine Fortschritte und werde bald in die Trave herausgehen und hinter den Booten herschwimmen, was sehr beliebt ist. – Im Seminar war es schrecklich heiß und stumpfsinnig, ich bin bis jetzt mit allen Probelektionen hereingefallen, aber die Gunst der Roquette lächelt mir noch immer.

Anna Hagenström ist mit Ach und Krach herausgeworfen, »weil sie im Jahr ihrer Konfirmation Romane geschrieben hat und nie zur Kirche gegangen ist«. Deshalb kann man ihr keine reinen Kinderseelen anvertrauen. Gleichzeitig ist ihre kleine Schwester wegen Stehlens geschwenkt. Jetzt weilt sie am Strand in Niendorf und schreibt einen Roman, in dem sie mich als Heldin verherrlicht.

Die letzte Woche kam eine entsetzliche Arbeitsanhäufung. Ich habe eine Nacht bis 2, die nächste bis 3 Aufsatz gemacht. In der letzten hatte ich keine Lust, noch zu Bett zu gehen, weil es schon heller Tag war, und legte mich in eine Decke gewickelt auf den Balkon, im Sonnenaufgang. Ich kam mir dabei ganz verrückt vor, und das war eigenartig schön. Aber dieses Blechlager war nicht das wärmste und trug mir ein entsetzliches Bauchweh ein, so daß ich ganz gebrochen in die Schule wankte.

[…]

Sehr weit ist dieses zarte Schreiben nicht gediehen, aber Du mußt mir auch erst einmal wieder schreiben. Ich gehe Montag nach Noer – dann nach einigen Tagen nach Preetz, willst Du mir nicht dorthin einmal unter CR3 postlagernd schreiben?

Bitte, mein süßer Dicker, laß endlich einmal von Dir hören. Ich habe in diesem halben Jahr 10 Pf. abgenommen, ist das nicht schauderhaft, Du wirst mich als Gerippe wiederfinden. Augenblicklich habe ich ganz entzündete Augen, das eine ist ganz zugeschwollen.

Nun lebe wohl, laß mich nicht zu lange warten, ich sehne mich so nach etwas von Dir, lebe wohl.

D. F.

35

L[übeck], 20.9.91

Geliebter Emanuel.

Ich habe auf Umwegen gehört, daß Ihr am Mittwoch kommt, und will nun, was ich schon lange wollte, Dir noch einmal schreiben. Du sollst nicht glauben, Liebster, daß ich Dein Schweigen irgendwie in den verkehrten Hals gekriegt habe, was Du vielleicht hättest denken können, weil ich Dir auch nie geschrieben. Ich fürchte nur leider, daraus schließen zu müssen, daß es Dir nicht gutgeht, nicht besser seit damals, als Du mir Deinen letzten Brief schriebst. Das ist alles, was ich Dir jetzt, wo wir uns so bald wiedersehen, zu sagen habe. Wie wird die Zeit, wo Du hier bist, werden? Voll Unruhe und ewigem Verfehlen, Du wirst von allen Deinen Menschen fast gevierteilt werden, und ich werde kaum etwas von Dir sehen. So war es ja auch, wie Du fortgingst. Wenn Du von mir etwas wissen willst, so ist es immer die alte Misere, nur fange ich allmählich an, ziemlich stumpf davon zu werden.

Verzeih diesen schrecklich stumpfsinnigen Brief, ich bin so müde und habe eigentlich nur noch Sinn fürs Schlafen.

Lebe wohl für heute, wenn Du kannst, so schreibe mir noch ein paar Zeilen (an Schluse adressieren, damit ich es jederzeit gleich bekomme), es würde mir eine unendliche Wohltat sein.

Gute Nacht, mein Geliebter, auf Wiedersehen! Allezeit

D. F.

II

BRIEFE AN FREUNDE AUS DEM SPÄTEREN LEBEN

I Postskriptum

Emanuel Fehling an Franziska zu Reventlow
Berlin · 6.7.1892

Mit dem Weggang Emanuel Fehlings zum Militär und der Freundschaft der Reventlow zu Schluse schreiben sich die Briefpartner auseinander. Im Spätsommer 1891 entdeckt dann die Mutter der Reventlow die Briefe Fehlings in einer Schatulle und untersagt die Korrespondenz, worauf sich Emanuel Fehling von Franziska zu Reventlow distanziert. 1892 bemüht er sich – mit geringem Erfolg –, den Briefwechsel wiederaufleben zu lassen.

Meine liebe Fanny!

Schon lange hatte ich den Wunsch, Dir zu schreiben, aber ich konnte mich nicht dazu entschließen, weil ich nicht wußte, wie Du es auffassen würdest. Ich dachte, Du könntest, wie ich es anfangs wollte, unseren letzten Briefwechsel im Herbst vergangenen Jahres als den Abschluß unserer Beziehungen betrachten und würdest infolgedessen von einer »Wiederannäherung« meinerseits peinlich berührt sein. Da gab heute eine kurze Besprechung, die ich mit Schluse hatte, den Ausschlag, und ich beschloß, sofort an Dich zu schreiben (wir saßen allein zusammen beim Essen). [Streichung Fehlings] die Unterhaltung war sehr einsilbig – ich nahm mir ein Herz und fragte ihn nach Dir und bat ihn, mir von Dir zu erzählen. Er war sehr herzlich – ich bin ihm unendlich dankbar dafür. Als er mir sagte, daß Du Dich nach meiner Adresse erkundigt hast, um mir zu meinem Geburtstag zu schreiben, da bekam ich die Überzeugung, daß zwischen uns noch nicht alles aus sei und daß sich doch noch Beziehungen wiederanknüpfen ließen. Bitte sage mir offen, ob ich recht habe – Du würdest mich durch ein »Ja« ungeheuer glücklich machen, aber ich will gewiß nicht zudringlich sein. Damit Du siehst, wie sehr ich es wünsche, will ich Dir ausführlich von meinem Leben berichten.

Fanny, Du *darfst* mich nicht nach den Sachen beurteilen, die Du im Oktober von Catty über mich gehört haben magst. Ich war damals in einem Zustande, der mich nicht in ganzem Maße für meine Handlungen verantwortlich machte. [Streichung F.s] Solange ich in Lübeck war, habe ich mich äußerlich nach Kräften beherrscht. Ich war mir ja über die Notwendigkeit klar – aber Du solltest nicht sehen, wie nahe mir alles ging (Catty gegenüber habe ich diese Miene stets gewahrt). Aber als ich nach Berlin zurückkam, da konnte ich mich nicht halten. [Streichung F.s] Ich befand mich wie in einem Traum – meine überreizten Nerven gingen mit mir durch. Daß ich damals auf alles verzichtete, was mir bis jetzt das Höchste gewesen war, daß ich mich bis zu einem Grade d. Gemeinheit und Frivolität erniedrigte, der Dir den größten Ekel eingeflößt haben muß, wie es mich nachher anekelte, das mußt Du mir verzeihen – Du hast kein Recht, über einen fast unzurechnungsfähigen Menschen so strenge zu urteilen.

[Streichung F.s] Im November kam ich allmählich zur Ruhe – es blieb nichts übrig als ein grenzenloser Stumpfsinn, ein Gefühl der vollkommensten Mattigkeit und Leere, das ich mir dadurch zu verheimlichen suchte, daß ich mit einer erkünstelten Intensivität mich auf den Dienst warf. Dies [Streichung F.s] ging sogar so weit, daß ich mir fast einredete, es wäre das Beste für mich, wenn ich Offizier würde – ein Unsinn, den ich bei Überlegung natürlich sofort einsah.

Am 1. Dezember zog ich in meine selbstgewählte Einsamkeit. Ich konnte es nicht länger mit mir gegenüber gleichgültigen Menschen aushalten. Seitdem bin ich außerhalb der Kaserne eigentlich immer allein – und das war auch das Beste für mich. Ich konnte mich auf mich selbst besinnen. Ich habe viel gelesen – Goethe, Lessing und Turgeniev u. Tolstoi. Außer an meine Eltern habe ich an keinen Menschen geschrieben. Selbst an Else war es mir nicht möglich, obgleich ich zwei Briefe von ihr hatte und sie auf Antwort von mir drang. Zu Catty oder Volkmann komme ich erst in der letzten Zeit ausnahmsweise. Als ich Weihnachten in Lübeck war, habe ich es vermieden, mit Dir zusammenzukommen. Ich glaube, Du wirst es gemerkt haben, wie ich Dir einmal an der Puppenbrücke aus dem Wege ging – es wäre mir damals noch schrecklich gewesen, Dich sprechen zu müssen.

Wenn ich Dich jetzt selbst um Rücksicht bitte, so liegt der Grund darin, daß ich glaube, mit dem Prozeß, der sich seit Juli in mir vollzogen, fertig zu sein. Ich glaube, ich bin durch diese Zeit reifer geworden – und habe nun eine tiefe Sehnsucht nach Freundschaft, die mich jetzt mit niemand verbindet und die Du mir bei unserem Abschied versprochen hast. Wie ich damals nicht ich selbst war, habe ich sie leichtsinnig fortgeworfen. Willst Du sie mir jetzt gewähren, wenn ich als ein andrer Mensch darum bitte? Es ist plump, so zu fragen – aber ich bin Dir gegenüber immer offen gewesen.

(Zugleich verbinde ich damit die Hoffnung, daß ich, wenn wir beide uns wieder näher getreten sein werden, auch mit Catty wieder Fühlung gewinnen werde. Es hat mich, wie Du weißt, tief betrübt, daß er sich ganz von mir zurückgezogen hat. Die Dinge, die ihn jetzt ganz ausfüllen, sind mir, wie er denkt, unbekannt. [Streichung F.s] Wenn Du keine Zeit hast, mir zu schreiben, so laß mir durch Schluse zwei Worte bestellen.

10. 2. 92
Ich habe diesen Brief lange liegen lassen, weil ich im Zweifel war, ob ich ihn auch abschicken sollte. Ich tue es – und hoffe nicht falsch zu handeln!?

In den letzten Tagen bin ich mehr mit Catty u. Volkmann zusammengewesen; ich fasse dies als gutes Zeichen auf.

Noch eins – glaube nicht, daß Du aus Rücksichten irgendwelcher Art mir in irgendeinem Ton oder überhaupt schreiben mußt. Nur wenn es Dir selbst lieb ist, bitte ich darum. In dieser Hoffnung bleibe ich Dein

alter Freund
Emanuel

Weisst Du den Ort · 1891

»Du wirst ja niemals über verlorene *Liebe dichten. Niemals, Emanuel! Das kann niemals sein.« (17. 2. 1891.) – Nach dem Ende ihres Briefwechsels mit Fehling stellt Franziska zu Reventlow ein privates Konvolut ihrer Jugendgedichte zusammen und verklärt so diese Korrespondenz doch noch zu einer Konvention: Das Gedicht über die »verlorene Liebe« schreibt die junge Reventlow selbst, wobei sie auf ein prominentes Vorbild, auf Goethes »Mignon«, zurückgreift: »Kennst du das Land, wo die Zitronen blühn …«*

Weisst Du den Ort an heilger Stätte
Wo in der Liebe junger Glut
Zum erstenmal wir selig schwelgten
Mit glühenden Wangen, heissem Blut.

Weisst Du das hohe Bogenfenster
Durch das der Sonne letzter Schein
In das Gewölbe niederglühte
zurückgestrahlt vom alten Stein.

Der unter uns zu unsren Füssen
Zu ewiger Ruhe die Gräber deckt
– Wie flog die Zeit mit heissen Küssen
Bis uns der Glocke Schlag erschreckt,

Die hoch vom Turm mit schwerem Klange
Sechs Schläge langsam niederdröhnt
So seltsam dumpf und liebesbange
Zum Abschiednehmen uns gemahnt.

Wie dann des Domes alter Küster
Langsam den Gang herunterschritt
Der rost'gen Schlüssel heisres Rasseln
Begleitend seinen müden Schritt.

Dann an der Tür die letzten Küsse
Und in den Abendschein hinaus
Du in der Deinen frohen Mitte
Ich einsam in mein ödes Haus.

Denkst Du daran in stillen Stunden
In Stunden kranker Wehmut voll
die ich Dir schlug, vergieb die Wunden
Gedenke meiner ohne Groll.

2 Viele Lieben

»...wenn Du doch da wärest, wenn Du mich mit Deinen Armen umschlängest und ich mich an Dich schmiegen und so mit Dir dahinfliegen könnte!!« (31. 12. 1890.)

Aus dem Tagebuch · 31. 12. 1896 – 1. 1. 1897

1897 ließ sich die Reventlow von dem Hamburger Assessor Walter Lübke scheiden, der ihr in ihrer Verlobungszeit die finanziellen Mittel bereitgestellt hatte, um 1893 für ein Jahr nach München zu gehen und Malerei zu studieren.

Neujahrsnacht 1896–97

Um 10 Uhr nach Haus gekommen. Alles dunkel und kalt. Zündhölzer gesucht, Licht gemacht, Feuer angezündet und nur dagesessen. Denke daran, wie ich als Kind die Neujahrsnacht eines Unglücklichen von Jean Paul las, mit Entsetzen daran dachte, wenn's mir auch so ginge. Und es kommt mir vor, als ob es jetzt so weit mit mir wäre; alles vorbei und keine Hoffnungen mehr.

Und ich bin noch so jung, ich könnte noch so glücklich sein und glücklich machen.

Aber ich suche eigentlich nur nach dem Mut zu sterben. Und ich bin 25 Jahre alt.

Seit vier Monaten habe ich Walter nicht gesehn, und ich ertrage es nicht ohne ihn. Sonderbar – und mit ihm ertrug ich's auch nicht. Ich komme mir vor wie jemand, der zum Tode verurteilt ist und zum Leben möchte. Seit ich ihn nicht mehr habe, fühle ich eine ganz wahnsinnige Liebe zu ihm und eine nagende Sehnsucht.

Ich bildete mir immer ein, mein Leben müßte etwas Fabelhaftes, Großes und Reiches werden, aber es geht mir alles immer wieder in

Trümmer. Vor sechs Jahren schrieb ich in der Neujahrsnacht an Emanuel. Damals war mir zum erstenmal aufgegangen, was Jugend und Liebe ist. Dann kam München, die Erfüllung, Malerei, und dann zerbrach wieder alles. Ich wollte mich an meine Kunst halten, sie ist mir immer das Höchste gewesen – da kam die Krankheit, die hat mir alles genommen. Die Kunst war und ist ja das einzige, an dem ich mich zusammenreißen kann, aber ein kranker Mensch kann nicht arbeiten.

Dieser Sommer – Gott, da jubelte wieder alles in mir – ich war gesünder und dachte mir, nun ist alles möglich. Ich wollte Walter behalten und die andern alle auch – was habe ich in der kurzen Zeit alles erlebt – einen nach dem andern. Warum fühle ich das Leben herrlich und intensiv, wenn ich viele habe? – immer das Gefühl, eigentlich gehöre ich allen. Und dann wieder der haltlose Jammer, daß ich dadurch gerade den Einen verliere, der mich liebt. Warum gehn Liebe und Erotik für mich so ganz auseinander?

Walters Entsetzen, als ich ihm die Wahrheit sagte, für ihn war's unfaßlich. Und ich habe ihm noch lange nicht alles gesagt. Kein Mensch würde mich verstehn, wenn ich ihm alles sagte. Er würde mich als Abschaum der Menschheit empfinden – die meisten würden es. Und doch gibt es Tausende von Frauen, die so leben, die meisten freilich wohl aus Muß – bei mir war es manchmal auch ein Muß. – Aber warum jetzt seit unsrer Trennung diese unglückliche Liebe zu Walter, der mir jetzt ferner steht als irgendeiner von den andern? Bilde ich es mir ein, ist es nur, daß man sich immer nach dem sehnt, was rettungslos verloren ist – oder die ungeheure Sentimentalität in mir – das Alles-haben-Wollen oder das Gefühl, daß er immer noch eine Art Halt für mich war, nicht ganz herunterzukommen? – Mein Gott, dieses Herunterkommen gibt es ja eigentlich nur äußerlich. Wer sieht oder merkt mir an, was ich erlebt und getan habe, solange ich es in meinem äußern Benehmen nicht merken lasse. Und innerlich ficht es mich so gar nicht an – fühle ich mich gar nicht dadurch berührt. Darum schweige ich über so vieles gegen andere. Aber was ist das für ein Leben, das ich führe, diese Misere. Und ich komme und komme nicht heraus, immer noch Schulden. Von denen weiß niemand. Bei Frau X. hab' ich meine Glanzgewänder, aber sie gehören mir nicht, ich muß sie immer als Pfand dalassen. Wenn ich dahin gehe, ziehe ich mich schön an und bin wie in einem andern Leben. Man weiß auch nicht, wer ich bin, und mit meinen Bekannten komme ich auf diesem Wege nicht zusammen. Damit habe ich Glück gehabt, nie jemand getroffen. Aber mich hier herausziehn lassen, mich etablieren lassen – wieder die alte Geschichte; ich kann meine Freiheit nicht aufgeben, und dann wäre sie hin, wenn ich auch ein besseres Dasein hätte. Dann wär' ich offiziell darin und könnte nie wieder heraus. – Ich bin eigentlich ein großes Schaf, vielleicht brächte ich es so weit, in Glanz zu leben, aber ich hätte dann alles andere nicht, meine absolute Freiheit und mein Leben für mich, das ganz von dem andern getrennt ist. Wenn ich nicht mag, verkrieche ich mich dahinein und bin verschwunden.

Aber all die Leute, die mit von mir leben – ist das nicht eine törichte Schwachheit – L., aber was würde aus ihm, wenn ich ihn nicht über Wasser hielte, und er ist mir zuviel wert, ihn fallen zu lassen. Und die T. Und ich lebe in dem schäbigen Atelier und bringe es nicht so weit, mir Kleider oder Schuhe zu kaufen und ordentlich zu leben. – Dort trinke ich Sekt, wenn ich will, und lebe einen Abend wie im Schlaraffenland und amüsiere mich. – Doch manchmal mag ich von alldem nichts wissen und lieg' hier herum. Ich bin in letzter Zeit wieder so elend, so kaputt, krank, und mir ist, als ob bald alles aus wäre. Alles möcht' ich ins Grab legen und mich dazu.

Sollte es doch sein, was ich manchmal zu ahnen glaube – das wäre wieder ein Hoffnungsschimmer, von dem ich leben könnte. Neues Leben – aber lieber nicht daran glauben. Vielleicht ist dies Jahr mein letztes.

Aus dem Tagebuch · 3.2.1900

Heute geht alles in mir auf und nieder. Ich habe wieder von meiner Familie gehört, von Catty, und daß Walter demnächst wieder heiratet. Aber ich bin's ja gewöhnt, jeden Aufschrei in mir zu unterdrücken, wenigstens vor andern. Mieze [Mieze Römermann, eine Freundin der Reventlow], die es mir erzählte, hat sich gewiß wieder darüber gewundert, daß ich es so leicht hinnahm.

Er hat mich vergessen und überwunden, und er hat mich geliebt. Und ich hab' ihm alles zuleid getan, bin von ihm fortgegangen, aber ich habe ihn nicht vergessen, vergesse ihn nie.

Seine Braut ist jünger und schön. Ich bin nicht mehr jung und bin nicht schön. In solchen Augenblicken kann ich mich wie wahnsinnig über mein Kind werfen, und dann fühle ich, daß doch das Beste und Herrlichste auf der Welt mein ist, daß ich es mit niemand teilen muß. Jetzt schläft er, ich bin ganz allein.

Ich möchte heute abend wieder auf die Redoute gehn und tanzen wie verrückt, alles das, was mir wehtut, den gleichgültigsten Leuten erzählen und darüber lachen und dann jemand haben, bei dem ich mich ausweinen könnte, der mich in seine Arme nähme.

An Ludwig Klages · Konstantinopel · 18.6.1900

Mein lieber Freund.

Ehe unser Aufenthalt in der Märchenstadt zu Ende geht, möchte ich Ihnen noch einmal etwas ausführlicher schreiben. Wir sind länger hiergeblieben, wie ursprünglich beabsichtigt war, und wenn wir uns nicht beide nach Ruhe und endgültigem Ruhepunkt sehnten, möchte es arg schwer werden, sich loszureißen von all dem Reichtum, der beinah zu überwältigend ist, um ihn so in sich aufzunehmen, wie man wollte. Aber wie gesagt, es ist förmlich aufreibend. Wir waren die ersten 8 Tage sehr viel herum, manchmal den ganzen Tag. Ich habe mich jetzt mehr zur Ruhe gesetzt und mache mit dem Bubi [Franziska zu Reventlows Sohn Rolf], der fast überall mit war, Feiertage. Sie können sich denken, wie angreifend es ist, wenn man sich auf all die Eindrücke konzentrieren möchte, immer den kleinen Kerl mit herumzuziehen, der sich im ganzen sehr tapfer hält, aber doch schließlich oft müde wird. Aber was es für mich ist, ihn immer um mich zu haben, jede kleine Regung an ihm beobachten zu können, das verstehen Sie gewiß. Sehr komisch ist, wie er sich beständig zwischen Adam [Albrecht Hentschel] und mich zu drängen versucht, er bewacht mich förmlich. Ihnen zu schildern, was ich hier gesehen habe, will ich gar nicht erst versuchen, mein Kopf ist zu müde dazu, die schimmernde Stadt mit den vielen Kuppeln und dem blauen Meer dazwischen, dahinter die Straßen, wo jeder Fleck so unendlich malerisch ist, dazwischen Reste von Friedhöfen mit alten sonderbaren Grabsteinen und Zypressen. Da sitzt man zwischen lauter Türken und verschleierten Frauen auf kleinen Strohschemeln und trinkt Kaffee. Bei den Derwischen war ich auch, sowohl bei den tanzenden wie bei den heulenden. Letztere waren wirklich unheimlich, besonders ein riesiger Neger, der sich schäumend und zähnefletschend drehte und wand. Ich saß gerade hinter ihm und hatte das Gefühl, als ob er fortwährend nach mir schnappte. –

Übrigens war wieder einer dabei, der [dem Schriftsteller Hans] Busse ähnlich sah, das Ganze hat aber als religiöse Zeremonie etwas sehr Feierliches, und wenn ich der liebe Gott wäre, würde ich sehr viel mehr Gefallen daran finden wie an der christlichen Andacht. Ich bin dem Schicksal sehr dankbar, daß es mich hierhergeführt hat, aber dabei kommt es mir ganz selbstverständlich vor, daß ich da bin.

Und doch, lieber Freund, kann ich inmitten von alledem eine bittere quälende Sehnsucht nicht loswerden. Ich möchte viel, viel mehr allein sein, d. h. äußerlich, innerlich bin ich wohl allein. Es kommt mir ganz schlecht gegen Adam vor, wenn ich Ihnen so schreibe, aber gleichzeitig tut es mir wohl, es zu können. Das Zusammenleben wird mir bis jetzt oft geradezu schwer. Aber in der Einsamkeit von Samos wird es besser werden. Es taugt nicht, so viel zusammen zu sein. Ich habe so das Gefühl, als ob wir 2 Stoffe sind, die sich nie miteinander verbinden können, und das Schlimme an einem Zusammenleben, wie die Verhältnisse hier es mit sich bringen, ist aber, daß man das immer wieder versucht und doch fühlt, daß es nicht geht. Er ist ein guter Kamerad, aber kein Arzt, kein Pfleger. Ich glaube, er könnte einen Schwindsüchtigen für gesund halten, wenn er nur rote Backen hat.

Ich glaube, Sie werden bei meinem Brief ein Gefühl von Enttäuschung haben, aber das dürfen Sie nicht. Vielleicht genieße ich alles um so mehr, weil ich mich neben ihm allein fühle, ja, ich glaube wirklich, daß es so besser ist. In der ersten Zeit, wo ich ihn kannte, glaubte ich, er könnte mich von jener traurigen großen Liebe heilen oder wenigstens, ich könnte sie bei ihm vergessen. Jetzt weiß ich, daß es nie sein kann. Ich fühle es wie ein trauriges Glück, daß jene Liebe [zu Alfred Friess] immer um mich ist. Manchmal gehe ich abends in den dunklen Garten, und dann ist Er da, und ich spreche mit ihm. Und glauben Sie mir, das ist besser, als wenn ich Ihn vergessen könnte. Es ist mir eine Art Erleichterung, daß Adam doch nicht Siegfried ist. Ich bin ihm schon wieder entwachsen, ich weiß nicht, ob er das fühlt – jedenfalls will er es nicht fühlen und sucht mich zu beherrschen. Er ist gewohnt, Frauen gegenüber der Herrschende, Gebende, Lehrende zu sein. [...]

Es ist eine sehr unglückliche Eigenschaft von mir, die Menschen, mit denen ich zusammen bin, nicht leicht so nehmen zu können, wie sie sind. Wenn irgendeine Nuance fehlt, so stört mich das, und beim Adam fehlen viele Nuancen. Ihm selbst fehlt ein gewisses Etwas, was vielleicht im Grunde feminin ist, was aber doch viele sehr männliche Männer haben, eine Art Sensibilität, die sich sehr wohl mit Kraft vertragen könnte und die ich schmerzlich vermisse bei Menschen, die mir lieb sind. Und lieb ist er mir sehr mit seiner einfachen kindlichen, guten Seele. Dies Gefühl geht durch alle kleinen Verstimmungen hindurch.

[...]

Übermorgen schiffen wir uns ein. Es ist doch beneidenswert, so durch die Welt zu fahren, und so unendlich töricht, sich darin durch Kleinigkeiten beeinträchtigen zu lassen, die von einem selbst ausgehen. Es ist ja auch Gott sei Dank nicht die vorherrschende Stimmung. Auch der Schmerz nicht – der grollt nur im tiefsten Innern wie ferner Donner, und manchmal schreit er auch auf, die Sehnsucht nach dem Mann, dem meine ganze Seele gehört. Wenn er sie nur an sich reißen wollte – nur einmal – an sein eigenes zerquältes Herz –, das wäre ja genug fürs ganze Leben – es wallt heute noch heiß in mir auf, wenn ich an die letzten Nächte denke, wo ich wie noch nie das Gefühl hatte, daß ich doch ein Stück von seinem Leben bin, daß es auch für ihn ein schmerzliches Losreißen war. –

Und wie mag es sein, wenn ich ihn wiedersehe? Es ist mir ein Schmerz, daß ich sein Bild in München gelassen habe; und doch brauche ich es kaum. Wie oft sehe ich ihn vor mir, seinen dunklen Kopf in meinen Armen, in denen er so oft vom Leben ausgeruht hat, ohne zu ahnen, wie es in mir tobte, höre sein Lachen und fühle seine seltenen Küsse, die mir eine sengende Seligkeit waren. –

Ich will nicht mehr schreiben, mein Freund, denken Sie oft an mich.

Ihre F. R.

Aus dem Tagebuch · 26. 3. 1901

»Ich habe das Buch Mama gestohlen, sie gibt gar nichts drum« (4. 1. 1891). – Ihr Leben lang suchte Franziska zu Reventlow nach der »großen Liebe«, die sie in Bettina Brentanos Beziehung zu Goethe vorgebildet fand. Die einseitige, unerfüllte Liebe der Brentano zu Goethe ist selbst ein Produkt sehnsüchtiger Imagination und entlud sich in Briefen, die die fehlende Vertrautheit mit dem berühmten und älteren Geliebten durch die Schönheit der Worte ersetzen. Gerade da scheint eine Liebe »groß« zu werden, wo der Geliebte die Distanz wahrt. Zum Lesen von Goethes Briefwechsel mit einem Kinde *muß sich die Reventlow ebenso aus dem Leben und von*

ihren Mitmenschen zurückziehen wie zum Schreiben ihrer eigenen Briefe. Auch in ihrer Beziehung zu dem Rechtsanwalt Alfred Friess wahrt sie Distanz: Über Jahre hinweg siezt sie ihn, beschränkt das Zusammensein auf einzelne, von ihm bestimmte Nächte und behält sich das Recht vor, sich jederzeit von ihm zurückzuziehen und nebenher andere Liebhaber wie Albrecht Hentschel oder Ludwig Klages zu haben. Das unpersönlich gehaltene Liebesverhältnis sollte, wenigstens dem Anspruch nach, sowohl der Reventlow als auch dem verheirateten Friess die Freiheit bewahren.

3 Tage auf dem Sofa. Diesmal besser vorbeigegangen als das vorige. Nur wieder was nicht in Ordnung innerlich während der letzten Zeit. Das Gespenst stand wieder einmal da.

Fort mit ihm. Ich siege ja doch. Über alles. Auch über ihn. Donnerstag auf Freitag war er da.

Es schreit nicht mehr in mir nach seiner Liebe, manchmal schweigt es ganz.

Es schreit nur nach Liebe überhaupt.

Lese Bettina. Goethes Briefe an Frau von Stein.

So eine Liebe gib mir, lieber Gott, eine tiefe, heitre Liebe, die durch jeden Tag und über alle kleinen Sachen geht.

Walter? Das war etwas davon. –

Kann mir doch nicht vorstellen, daß es mit Fr. jemals zu Ende wäre. Aber es wird doch immer nur eine schmerzliche Sehnsucht sein nach dem, was nie war und nie sein wird. Und brennende Momente.

Ich habe ja mein Kind. Ich fühle aber auch die Geliebte, die ich sein könnte. Die wird wohl nie ganz zu ihrem Recht kommen. –

Bubi behandelt ihn konventionell: »Nehmen Sie einen Platz, Herr Doktor. Hundi, nehmen Sie auch einen Platz« – holt sich seinen kleinen Schemel, setzt sich vor ihm hin und macht Konversation, sucht die Beine überzuschlagen wie er. –

Erste Gitarrestunde. – Was hat mir alles gefehlt, was hätte man alles aus mir machen können. Und ich muß im Mai dreißig Jahre alt werden. Es ist, als ob wieder ein neuer Feind vor mir aufstände. Bei allem denke ich jetzt: Aber Adam ist ja da. Daß er gekommen ist, möchte ich dem Schicksal auf den Knien danken. Wenn er in der Nähe ist, wird alles froh und hell, der große, gebende, schenkende Freund.

Im Frühjahr 1901 plante Franziska zu Reventlow die Niederschrift von Ellen Olestjerne.

Frühlingswetter, alles wird grün, die Vögel singen, es wird Sommer. Ich lebe auf, sobald nur Sonnenschein da ist. Viel auf dem Sofa gelegen. Akkorde geübt und in den Emanuelbriefen gelesen. Macht es der Roman, daß ich jetzt so viel in der Vergangenheit lebe? Wie ich mein Leben liebe, jene Jugend selbst.

Es ist so, als ob ich nun wieder so würde, wie ich damals war, so voller Pläne und Hoffnungen. Eigentlich hat sich mir doch alles erfüllt, und in all den Stürmen ist nichts verloren wie ein bissel Kraft. Die hätte ich auch bei einem ruhigen, stumpfsinnigen Leben hingegeben.

Nun gehe ich aber hinaus in die Landeinsamkeit, den ganzen Sommer. Da will ich ganz zu mir kommen unter dieser Arbeit, die auch ein Lebenswerk ist. Aber dann soll erst das Wahre kommen. In den letzten Jahren hab' ich die Fühlung mit mir selbst verloren, die kommt jetzt wieder. Ich wußte gar nicht recht mehr, was ich eigentlich war vor lauter Hetze.

Samstag, den 20. kam Fr. [Alfred Friess] zurück. Klages war, und so ging er wieder.

Gestern wieder da, wir wollen nächstens einen Abend zusammen ausgehn. Früher war es ein seliges Martyrium, diese Liebe. – Was ist es jetzt? – Es ist anders geworden, es brennt nicht mehr so – Ich träume manchmal wieder von dem Messias, der immer noch nicht gekommen ist. Der ist es nicht, aber ich liebe ihn und kann von ihm nicht lassen.

An Ludwig Klages · München · August 1901

Du Lieber – ich bin nach einem wundervollen Schlaf aufgewacht – möchtest Du doch auch so schön geschlafen haben.

Dann las ich Deinen Brief, und dabei ging mir eine schwere Last von der Seele, wenn ich daran dachte, daß ich ihn, ohne den gestrigen Abend erlebt zu haben, bekommen hätte. Und ich weiß nicht, warum ich dann an alle Not *meines* Lebens denken müßte, die mich so gemacht hat, wie ich manchmal sein kann. – Das mußt Du nie vergessen – ich fühlte es auch gestern so, als wir in Deinem Zimmer sprachen – da war mir, als ob ich laut aufschreien möchte: Siehst Du denn nicht, wie meine Seele niedergehalten ist, niedergebaut durch all die Lasten, die sie getragen hat – denn im Grunde und von Anfang ist meine Seele nur Liebe, *nur* Liebe, Liebe wollen und Liebe geben. Was sich manchmal wie eine Hülle darüberzieht, das bin nicht ich. Ich bin nicht zum Kampf gemacht, und ich habe dann immer kämpfen müssen. Wer kämpft aber, muß Panzer und Waffen tragen, und dann ist er oft zu müde, sie abzulegen.

Nie fühle ich das alles so wie nach solchen Stunden. Hab' ich Dir nicht schon oft gesagt, ich lebe nur, wenn ich erotisch lebe, dann fühle ich wieder, daß ich doch noch reich bin, und ich könnte weinen darüber, daß ich stets von diesem Reichtum umsetzen muß in Kräfte, die den 1000 jammervollen Notwendigkeiten dienen müssen. Das kann mich kalt und feindselig machen – Sehnsucht nach noch viel mehr Begehren.

Darf ich Dir noch anderes sagen? – Du könntest manchmal denken, daß gerade Du mein Begehren nicht wachriefest – wenn ich so lange stumm bin – Aber das ist nicht wahr, es ist allertiefste Wollust, die ich in unseren Stunden empfinde, nicht gütiges Gewähren, wie Du manchmal sagtest. – Das hast Du auch gefühlt, nicht wahr? Du weißt auch, daß das Maß meiner Liebe zu Dir ein anderes wäre wie das einer ... und denkst daran, daß ich auch andere liebe oder lieben könnte.

– Das sind so törichte Gedanken. Wie soll ich Dir sagen, was ich meine – ich empfinde einen Frühlingstag anders wie einen Sommertag, Sonnenschein anders wie Sterne, und darum wird man doch nie sagen können, man liebt die Sterne mehr wie die Sonne. –

Meine Liebe zu andern mag zitternde Wärme sein wie zu meinem Kind, Heimweh und Sehnsucht nach Geborgensein wie zu Adam – quälender Reiz und Unruhe wie zu ... Frivolität bei anderen – Blutdurst und Grauen bei noch anderen, und wieder etwas anderes zwischen Dir und mir – ich fühle wohl, was es da ist, aber ich kann es nicht sagen, etwas wie Religion, Gottesdienst, durch den tiefe Schauer beben und auch spielender Reiz.

Ob Du auch das verstehen kannst, ich fühle mich in diesen Stunden nicht als ein bestimmter Mensch, Dich auch nicht, es ist, als ob sich das alles auflöste, was wir im Tagsbewußtsein sind, und nur zwei unbestimmte Kräfte bleiben, die ineinanderfließen –. Ich bin überhaupt kein Mensch, denke ich manchmal, wenigstens in den Stunden des Lebens nicht, da weiß ich nicht mehr, wer ich bin. Und deshalb kann ich auch wieder fremd sein zu anderen Zeiten.

Ich will auch unsere Liebe als seltenes Fest, das nie ersonnen und vorbereitet werden darf, und Du wirst nie begreifen, wie weise das ist.

Heute noch schließe ich oft die Augen und fühle ich wieder die heißen Schauer zucken und immer neues Verlangen, morgen vielleicht schweigt es wieder – und vielleicht wacht es bald wieder auf und vielleicht dauert es länger. – Aber Du sollst immer daran denken, daß darum diese Stunden und die kommenden nicht gestorben sind, daß sie nur auf uns warten. – Und nie, nie wieder so verzweifelt sein, nie – hörst Du.

An Ludwig Klages · München · 1.4.1902

1902 scheiterte die Beziehung zu Klages, da er die Reventlow ganz an sich binden wollte.

Mein Freund.

Die ganzen Tage, seit ich Ihren Brief erhielt, hat es mich danach verlangt, Ihnen vieles, vieles zu sagen oder zu schreiben, wenn nur diese elende Müdigkeit mich nicht völlig lähmte. Statt zu schreiben, wäre ich gern auf ein paar ruhige Stunden gekommen, aber mich hinderte das Gefühl, es möchte Ihnen jetzt nicht lieb sein und ich Ihnen die Ruhe, die Sie jetzt wollen, stören. Ihren Brief habe ich viele, viele Male gelesen und noch mehr über alles nachgedacht, was zwischen uns ist. Ach, lieber Freund, Sie wissen ja selbst, wie entsetzlich schwer mir alles Reden und Aussprechen über innere Dinge liegt, beinahe auch das Denken darüber. Ich lebe eigentlich in einer Art Blindheit, ich fühle wohl, was in mir und um mich vorgeht, aber ich gehöre nicht zu denen, die es übersehen und sich klarmachen – und wenn einmal dieses Verlangen herantritt von anderen oder aus mir selbst, dann ist es wie ein schweres Ringen nach Ausdruck, um sich verständlich zu machen oder zu werden.

Und daneben sind noch manche andere Hemmungen da – die Stunden, wo meine Seele *reden* will, sind selten, und nicht immer ist dann der bei mir, zu dem sie reden möchte. So war mir gestern nachmittag zumut, ich möchte jetzt mit Ihnen sprechen, ich könnte Ihnen jetzt alles sagen – aber ich hatte nach langem Kampf nicht den Mut zu kommen – es überfiel mich eine förmliche Angst, Sie möchten kalt und fremd gegen mich sein. Und so weiß ich auch nicht, ob ich mich heute dazu entschließen soll, denn der Gedanke, daß Sie mich vielleicht lieber nicht sehen wollen, schreckt mich zurück.

Und was soll ich Ihnen auf alles, was Sie mir gesagt haben, antworten? – Ich möchte ja selbst, daß für Sie alle quälende Zerrerei ein Ende nehmen sollte, und wenn das nicht anders als durch Trennung geschehen kann, so sollen Sie sich von mir trennen, und es soll Ihnen anheimgegeben sein, wie weit Sie diese Trennung ziehen wollen. Es ist vielleicht wahr, daß ich Ihnen niemals das sein oder das geben kann, was Sie von mir suchten und wollten. – Sie gebrauchen selbst den Ausdruck: die volle und ganze Liebe eines Menschen – die hätte Ihnen das Leben gegeben, das Leben, was Sie jetzt wollten. Und andrerseits glaube ich selbst – ja ich weiß es wohl, einem Menschen volle und ganze Liebe geben, das kann ich nicht – nicht mehr, oder auch habe ich es nie gekonnt, außer jener einen ersten Leidenschaft. Aber ich weiß auch, daß noch viel Liebe und viel Sehnsucht nach Liebe in mir ist; aber über allem, was in mir ist und in mir leben muß, liegt wie eine Krankheit die Ermüdung, die tödliche Erschöpfung – die »hysterische Indolenz«. – Und wie tief die geht, wie groß ihre Macht ist, das weiß keiner, auch Sie nicht. Ein todmüder Mensch mag Hunger und Durst haben, aber er mag auch zu müde sein, um das Dargereichte zu nehmen. Ich sage todmüde – aber ich weiß auch, daß diese Müdigkeit nicht zum Tode führt, ich weiß jetzt, daß mit der äußeren Lebenswende alles noch wieder aufblühen kann und wird. Aber jetzt ist mir noch wie jemand, der schaudernd auf den Abgrund zurücksieht, vor dem man ihn zurückgerissen hat, und darüber kaum empfindet, daß er wirklich gerettet ist. –

Es war nicht das, was ich Ihnen schreiben wollte, aber ich muß es Ihnen noch einmal sagen, denn vieles, vieles von der Enttäuschung, die Sie an mir erlebt haben, geht daraus hervor. Zu dem tiefen gemeinsamen Leben, das Ihre Sehnsucht wollte – zu dem bin ich nicht fähig, meine Seele wird niemals mehr – auch wohl nur danach verlangen, in eine andere Seele hinüberzufließen. Und das war es, was Sie wollten. – Mein Freund, man kann mir Freund sein auf immer, und ich habe das Gefühl, eine Freundschaft, wie sie zwischen mir und Dir war, die war noch nie zwischen zwei Menschen, und wenigstens von mir aus *kann* die niemals geringer werden oder verlöschen, das *weiß* ich. –

Man kann mir Geliebter sein auf Augenblicke, die in mir und für mich selbst unberechenbar sind, wie der Wechsel von Sonne und Regen, die kommen und gehen und wiederkommen können. Aber es gibt wenige, die so Geliebter sein wollen, denn Beständigkeit kenne ich nicht, vielleicht kann man auch sagen, Liebe in diesem Sinn kenne ich nicht, nur Wollust, Verlangen oder Versagen – und diese drei spielen mit mir, wie ich anscheinend mit denen spiele, die sie mir geben. Aber wenn man mich besitzen will, nicht in dem Sinne des Ehe-Besitzens, aber des inneren – meine Leidenschaften besitzen –, davor weicht es in mir zurück. Kann ich das ändern – oder anders wollen? Früher war ich so reich, daß mein ganzes Leben eigentlich nur Verlangen und wiederum Stillen des Verlangens war – da mochte das weniger zum Vorschein kommen, aber jetzt schlummert auch das viel und oft. –

Du weißt vielleicht das alles – und doch sage ich es Dir noch einmal, damit Du verstehst, daß man mir *nie* in dem Sinne Geliebter sein kann wie vielleicht anderen Frauen, und daß Du nicht denkst, ich habe Dich in den Augenblicken, die unsere höchsten waren, getäuscht.

Aber wie dem auch sei und wie es war – das, was zwischen uns ist – es wäre schlimm und traurig und trostlos, wenn wir das nicht zu halten wüßten. – Ich habe diese Tage viel darüber gedacht, wenn Sie mich ganz verlassen wollten, nichts mehr von mir wissen. Man verläßt ja wohl oft einen Menschen, wenn man das Gefühl hat, er geht nicht auf demselben Wege und will die Hand nicht so nehmen, wie man sie ihm bietet. Und ich bin mir klar darüber, daß das eine Art Zusammenbruch für mich wäre, daß ich nicht weiß, wie ich ihn verwinden sollte ... Ich weiß aber auch, mein Freund, daß viel Hartsein dazu gehört, um mit mir auszukommen, und es könnte sein, daß Sie Ruhe haben wollten vor mir. Und dann will ich lieber stillschweigend fortgehen. –

Ich habe Ihnen viel Schmerz getan und nicht das Recht, danach zu fragen, was mir von Ihnen an Schmerz getan werden könnte. Ihr habt mir mein Leben wieder aufgebaut – von Äußerem will ich gar nicht reden, obgleich es ein Ungeheueres ist; aber dafür will ich Dir später danken, wenn es einmal so aufgerichtet steht, wie ich es denke – nein, auch am Inneren hast Du mehr an mir getan, wie Du ahnen kannst. – Und wenn sich nicht erfüllen sollte, daß Ihr jetzt den frohen Weg noch mit mir gehen wollt, wie Ihr die dunklen Wege mit-

Antikes Fest, 1903.
Franziska zu Reventlow unten links als Hermaphrodit,
Stefan George als Cäsar, Karl Wolfskehl als Bacchus.

Über einen Weihnachtsabend bei Hanna und Karl Wolfskehl schreibt Franziska zu Reventlow an Ludwig Klages: »Und wenn sie dann alle in Verzückung geraten – Hanna, die aber noch mit etwas gluckenhafter Ängstlichkeit darüber wachte, daß wir nicht zuviel von dem Baumschmuck zerbrachen – und die anderen – während Wolfskehl selbst mit verunglücktem Vortrag ein Gedicht von Baudelaire vorliest – ich weiß nicht, mir kamen sie alle vor wie galvanisierte Leichen.«
(26. 12. 1901.)

gegangen seid, so wird vieles in mir sterben müssen. – Aber wie Du es willst, mein lieber, lieber Freund, leb wohl für heute. –

Die Briefe liegen bereit, aber ich gebe sie nur, wenn ich sicher bin, sie wiederzubekommen.

An Karl Wolfskehl · München · Februar 1903

Der Dichter Karl Wolfskehl (1869–1948) war der Mittelpunkt der »Münchner Kosmiker«.

Du, ich bin aufgewacht in einem goldnen Frühlingsmorgen, die Fenster weit auf, und lange dagelegen mit Deinen zwei Briefen, all Deinen geliebten Worten, die über mich herströmen wie ein breiter, gewaltiger Strom von allem Tiefsten und Schönsten und wunderbar Süßen. Gestern sah ich einen Baum schon mit grünen Knospen nach dem langen Winter und trotz dem langen Winter – das ging mir durchs Herz, daß mir beinah Tränen in die Augen kamen und ich Deinen Namen hätte rufen mögen, um Dir zu sagen: »so ist es mit mir, es wächst und glüht und treibt in mir, es ist ein Taumel von Frühling um mich und in mir eine Fülle von Leben, von lauter und stiller Freude, die alles weckt, was lange und todähnlich schlief«. Du, Carlo, mir ist, als ob wir beide das allererste Erwachen miteinander erlebten, den frühesten Frühling, der so leise und zaghaft ist und auch so schwül und reif und golden wie glühender Sommertag, so voll und sehnsuchtsvoll.

Ich habe nie so gelebt, in solchem Reichtum, jeder Tag ist gewesen wie schweres Gold, seit Du kamst. Erst wußte ich's kaum und war halb im Traum, jetzt sind meine Augen offen und trinken am Licht. Du, Du, mir ist noch nie so geschehen – ich sehe Dich immer, wenn Du nicht da bist, und höre Deine Stimme, die Ellen sagt. Ich sehne mich, Dich zu sehen und zu fühlen, aber ich bin nicht traurig und unruhig, wenn Du ferne bist, weil Du immer um mich bist und die Sehnsucht so unendlich süß. –

Heute bin ich zum erstenmal wieder ganz wach, die letzten acht Tage waren so, daß man Tag und Nacht nicht unterschied, nicht wahr? Bald waren wir zusammen im Festjubel zwischen den Tausenden andern oder Seite an Seite im Tageslicht und immer unser, immer, immer. Ja, Du, ich wußte auch, daß das eine Schicksalsstunde war vorgestern nacht, als Du das zu mir sagtest – unser

Schicksal ist über uns mit seinen unergründlichen Augen, und wir wollen vor ihm knien und es anbeten. Du und ich! –

Lebe wohl, Du Geliebtester Du, hast Du wohl heute meinen Gutenmorgen bekommen? ich habe mich drum gebangt, als ob es nicht sein dürfte, daß er einen Augenblick zu spät käme. Aber mein treuer Bote, der Such [Bogdan von Suchocki] – war gestern, ohne daß ich es wußte, hier am Sofa eingeschlafen und lag noch bewußtlos da, als ich früh ins Zimmer kam. So wollte ich ihn Dir jetzt selbst in den Kasten werfen – ach Du, ich möchte, daß keine Menschenseele um unser Geheimnis wüßte oder es nur ahnte, aber ich dachte nur daran, daß Du beim Erwachen von mir geküßt sein wolltest. Und diese Menschenseele ist so sehr mein stummer Freund, daß nie ein Wort oder ein Blick unser Heimlichstes anrühren würde, selbst wenn er etwas ahnte. – Nun habe ich so lange geschrieben, daß Du dies wohl erst nach Mittag bekommst, aber dazwischen gehen so viele Gedanken hin und her von Dir zu mir. Und morgen bist Du bei mir. – Es ist so, weil ich heute nicht gewußt hätte, den Bubi unterzubringen, und nun noch ein anderer Tag uns heilig wird.

An Franz Hessel · Schloss Winkl · Juni 1906

Nach dem Tod ihres Bruders Ludwig, der heimlich in Kontakt mit ihr blieb, seitdem ihr die Mutter 1893 verboten hatte, den sterbenden Vater ein letztes Mal zu sehen, schreibt die Reventlow an den Schriftsteller Franz Hessel (1880–1941), mit dem sie von 1903 bis 1906 zusammen mit dem polnischen Kunsthändler Bogdan von Suchocki in einer Wohnung in der Münchner Kaulbachstraße gewohnt hatte.

Es wollte gerade alles so recht schön sein, Sommer und Malen, und dann wird man plötzlich wie in eine schwarze Höhle hinuntergeworfen und kommt erst langsam wieder daraus hervor. Aber ich will davon nicht mehr sprechen. Aber Sie können sich denken, daß ich ein so rasendes Heimweh bekommen hab' wie seit zehn Jahren nicht mehr. Ich bekomme jetzt manchmal Briefe von meiner Schwester, und sonderbarerweise tragen gerade die eine solche Husumatmosphäre mit sich, daß ich sie abends überhaupt nicht lesen kann.

Ich möchte doch wissen, wie Ihnen in Paris ist, schreiben Sie doch einmal davon und wie Ihnen jetzt München aussieht. Kommt Ihnen auch die Kaulbachzeit so lange her vor? Ich möchte manchmal gern einen Sommerabend wieder dort in der Küche sitzen, die letzte Zeit war so unruhig, daß man zu keiner rechten Stimmung mehr kam, und das war vielleicht gut. Und dann kam eben gleich alles andere, und nun liegt es so weit fort. Mir ist es eigentlich lieber, alle solche Sachen und Sentimentalitäten bis auf diese Hefe auszukosten. Aber Sentimentalität ist schlimm, wenn man sie allein hat. Ich lese jetzt wieder Jean Paul, und dann wünsche ich mir immer solche Leute, die »aneinander zerfließen« und wundervollen Klimbim um jede Empfindung machen – aber es müßte eben jemand mittun.

Ach Gott, ich sehne mich jetzt vor allem nach jemand, der die Gabe hätte, einen froh zu machen, und das ist vielleicht noch seltener.

Im Herbst fort von München, mutterseelenallein, Gottes Mühlen malen langsam, bis jetzt wenigstens. Aber nachher muß alles um so schneller gehen, trotz aller ungläubigen Schwabinger – ich bin neugierig, wie der liebe Gott sich jetzt verhalten wird. Mit der Lunge richtet er nichts mehr aus, da ich vorsichtig geworden bin.

Mein neuester Plan ist eigentlich, nach Monte Carlo im Winter zu gehen und den abergläubischen alten Herrn zu finden, der mich für sich spielen läßt.

Also Franzl, jetzt schreiben Sie einmal, machen Sie mir recht verlockende Schilderungen, ich möchte auch einmal nach Paris. Wer weiß, ob ich nicht am Ende statt Süden den Winter dorthin komme. Ich weiß ja vor lauter Plänen nicht, was ich will. Manchmal zittere ich davor, doch wieder hockenzubleiben, aber das darf absolut nicht sein, man muß einmal von München heraus. Gibt es nicht herrliche Lebemänner in P.? und überhaupt die Amour! Also addio und viele herzliche Grüße.

An Oskar A. H. Schmitz · München · März 1909

Der Schriftsteller Oskar A. H. Schmitz (1873–1931) schrieb unter anderem für die Münchner Neuesten Nachrichten *(M. N. N.), die spätere* Süddeutsche Zeitung.

Lieber Schmitz!

Gott sei Dank, daß sich der Brief bei Ihnen gefunden hat. Ich hatte greuliche Angst, er wäre an einen »Dritten« gelangt, wo er großes Unheil angerichtet hätte. An den hatte ich nämlich den für

Sie geschickt – kurz, es war ein reizendes Durcheinander, und ich habe mir geschworen, nie wieder so zerstreut zu sein.

Jetzt habe ich mich doch nur bei Ihnen kompromittiert, und das war wohl wieder eine kleine Bosheit vom lieben Gott, der veranlaßte, daß, nachdem der rote Faden immer wieder abriß, ich Ihnen wenigstens einmal einen zärtlichen Brief schrieb.

Ja, der rote Faden – als wir ihn das letztemal knüpfen wollten, gelegentlich Ihrer Scheidung, bekam ich eine geschwollene Backe, und als ich von Korfu zurückkam, hatte ich das deutliche Gefühl, nun sei es wieder Ihrerseits zu spät – es ist wirklich wahr, die beiden Königskinder sind Waisenkinder dagegen.

Verzeihen Sie diese Abschweifung – ich wollte nun doch lieber einen neuen Brief schreiben, und die Folge davon ist, daß ich mich auf Gebiete verirre, welche –

[...]

Ich bin übrigens aus diesem Karneval als ein anderer Mensch hervorgegangen und habe mein besseres Ich vollständig abgelegt: ich will nicht mehr malen und will keine wirklichen Lieben mehr, weder romantische noch tragische etc., womit ich wirklich viel kostbare Zeit meines Lebens vertan hab'. Im Grunde liegen mir ja all diese seriösen Sachen auch gar nicht, sie sind mir wie die Krankheiten immer etwas aufoktroyiert worden. Jetzt wird nur auf Wurzen und Pläsier ausgegangen, und das ist bedeutend lustiger. Ich habe heuer sehr komische Sachen erlebt, aber die muß ich Ihnen einmal mündlich erzählen. Es ist auch noch allerhand in Sicht, aber man soll den Tag nicht vor dem Abend loben.

Denken Sie, bei einem Bal paré sagt plötzlich jemand neben mir »Herrin«, und Severin 5 stand in seiner ganzen Gräßlichkeit neben mir und fragte, ob ich jetzt einen andern Sklaven hätte.

Übrigens, was haben Sie jetzt für Pläne, bleiben Sie noch in Berlin? Und wie lange? Schreiben Sie bald einmal etwas von sich. Für Ihren nächsten Artikel in den M.N.N. schlage ich Ihnen vor: das »saubere Kamel« und das »kalte Schwein«, wozu ich Ihnen das Material liefern werde. Das erste stammt von einem Botaniker, der mich zum Tee einlud und u.a. sagte, man wäre ja manchmal im Leben ein Kamel, aber es wäre dann doch schön, sich sagen zu können, man wäre wenigstens ein sauberes, anständiges Kamel gewesen. –

Also leben Sie recht wohl, ich fühle mich heute so angenehm sicher, daß ich diesen Brief nicht wieder verwechseln werde, denn »jener Glückliche« ist leider nicht mehr hier. Das war übrigens doch wieder eine romantische Affäre, indem wir gegenseitig nicht ahnten, wer wir waren, und uns erst morgens um 10 beim Abschied einander vorstellten. Er ist dann sehr erstaunt gewesen, daß ich eine Gräfin war, und man erinnerte sich an den Bibelspruch: »Seid gastfrei ohne Murren, denn manche haben schon ohne Wissen Engel beherbergt.« Nochmal Adieu – ich bin heute sichtlich geschwätzig aufgelegt. Und viele herzliche Grüße.

Ihre F. Reventlow

Aus dem Briefroman Von Paul zu Pedro · 1912

»Ich schreibe Dir in einer eigenartigen Situation, eben nach einer durchtanzten Nacht im Ballkleid und beim Tageslicht. [...] verstört, überwacht, stumpfsinnig und dabei noch mit Blumen im Haar (28. Mai [1890], morgens 3 ½ Uhr).« – In dem Briefroman Von Paul zu Pedro *karikiert Franziska zu Reventlow die Gewohnheit, Briefe mit einem »pathetischen Datum« zu überschreiben, um so auf die außergewöhnliche Verfassung des Schreibers zu verweisen.* Von Paul zu Pedro *setzt die Tradition der Hetärenbriefe fort, die im Plauderton von einer Welt berichten, in der alles, weil erfunden, auch erlaubt ist: was die Reventlow selber leben möchte, hat die antike Gattung schon vorweggenommen.*

Ich fürchte, ich werde mich nie daran gewöhnen, meine Briefe zu datieren. Tue ich es einmal, weil ich denke, es müßte sein – so ist das Datum gewöhnlich falsch. Man weiß es gerade nicht, hat keine Lust, erst nachzusehen, und schreibt irgendein beliebiges hin – weil es doch ganz gleichgültig ist, ob mein Brief am dritten oder am zehnten November geschrieben wurde. Ich datiere eigentlich nur, wenn ich einen Brief verbummelt habe und meine Nachlässigkeit beschönigen will. Und dann schreibt man natürlich absichtlich ein falsches Datum. Ich halte das, wie so viele kleine Lügen, für eine liebenswürdige Rücksicht, durch die man anderen ein ärgerliches Gefühl erspart.

Bei den ersten Jugendlieben schrieb ich immer ein pathetisches Datum: sieben Uhr morgens – die Vögel zwitschern schon vor meinem Fenster –; ob sie wirklich zwitscherten, weiß ich heute nicht mehr zu sagen, aber es machte sich so hübsch. Oder: Mitternacht – meine Tante ist schon schlafengegangen – –

Soll ich das bei Ihnen auch so machen? Etwa: zwei Uhr früh – eben geht er die Treppe hinunter –, die Stufen knarren, und es wäre mir sehr peinlich, wenn man ihn hörte.

Sie würden natürlich gleich alles mögliche wissen wollen: Wer denn? – und wieso? – und was gefällt Ihnen nun schon wieder an diesem Menschen?

[...]

Übrigens behauptet fast jeder Mann, man sei wahllos. Der eine begreift nicht, daß man sich in einen Friseurtypus oder Tenor verlieben kann, und würde Naturburschen verzeihlicher finden. Der andere hat keine Auffassung dafür, daß exotischer Typ und gebrochenes Deutsch zu den unwiderstehlichen Attraktionen gehören.

Nun – das wenigstens haben Sie mir ja manchmal nachfühlen können. Aber für »Paul« hatten Sie kein Verständnis – gar keines. Sie fanden es nicht recht der Mühe wert, daß ich seinetwegen hierherfuhr, daß Sie Ihr eigenes Reiseprogramm umstürzen und wir beide vierzehn Tage im Regen herumlaufen mußten. Es tut mir leid, aber ich muß bei dem Gedanken so lachen, daß meine Teenachbarn mich eben ganz erstaunt ansehen.

Ja, Paul – Paul war in diesem Fall nur ein Sammelname. Er hieß gar nicht Paul – er war es nur. Es gibt eine bestimmte Art von Erlebnis, das ich Paul nenne, aus dankbarer Erinnerung an seinen ersten Vertreter. Ich meinte auch, ich hätte Ihnen das schon einmal erklärt, aber Sie haben es anscheinend nicht ganz begriffen.

Paul ist eine Begebenheit, die immer von Zeit zu Zeit wiederkehrt. Nicht etwa, weil sie besonders tiefen Eindruck gemacht hätte – im Gegenteil, Paul ist immer etwas Lustiges, Belangloses, ohne Bedenken und ohne Konsequenzen. Aber er kommt immer wieder, wenn auch jedesmal in etwas veränderter Form und Gestalt.

Paul kann alles mögliche sein, verheiratet oder Junggeselle, Leutnant, Ingenieur, junger Arzt, Afrikareisender – es kommt auch vor, daß er gar keinen Beruf hat. Manchmal ist er auch »drüben« geboren, dann nennt er sich Pablo und rollt das R – vorausgesetzt, daß der Vorname stimmt, was merkwürdigerweise oft, aber natürlich nicht immer der Fall ist.

Man lernt ihn in Sommerfrischen, in Hotels und auf Reisen kennen; an einem festen Wohnort – nein, ich glaube kaum, höchstens wenn er sich vorübergehend dort aufhält. Zu Paul gehören immer Koffer und Kellner, irgendeine momentane und geräuschvolle Umgebung. Man erkennt ihn auf den ersten Blick, wenn er einem im Coupé gegenübersitzt oder in ein Hotel hereinkommt, weiß sofort:

Das ist Paul. Es dauert auch nie sehr lange, bis man sich kennt, duzt (mit Paul muß man sich duzen, es geht nicht anders) und ganz genau weiß, wie sich nun alles entwickeln wird. Ich habe mir auch angewöhnt, ihn immer so zu nennen. Wenn ich das erstemal sage: Du – Paul –, so ist er sehr erstaunt und fragt, mit wem ich ihn jetzt verwechselt habe. – Nun, mit Paul natürlich – und dann bleibt es dabei. Ich hüte mich wohl, ihn aufzuklären, daß es in Wirklichkeit gar keine Verwechselung ist. Er würde es nicht verstehen.

Paul ist auch selten eifersüchtig, wahrscheinlich, weil er sich seiner wechselvollen Vergänglichkeit dunkel bewußt ist. Er wird mir auch sicher niemals Vorwürfe über meine Wahllosigkeit machen.

Und Sie denken jetzt wohl: Gott sei Dank, daß ich nicht Paul bin. Sie haben nicht ganz unrecht – Paul wird in der Regel bald langweilig, und man entflieht ins Tea-room.

3 Der Sohn

»Es ist mir so sonderbar, daß heute Weihnachtsabend ist [...] O könnte ich den märchenhaften Zauber noch einmal fühlen, der jetzt auf immer dahin ist.« (24. 12. 1890.)

Aus dem Tagebuch · Januar 1897

Die Ärzte sagen, es kann nicht sein, aber ich glaube es doch. Der zweite Zeitpunkt ist vorüber, und ich habe so seltsame Gefühle. So krank, matt und elend, die Ärzte suchen immerfort an mir herum, vermuten die Lunge. Ich glaube, Dr. v. Noorden fürchtet, daß es mein Ende wäre, und will es deshalb nicht glauben. Ich weiß nichts mehr wie Furcht, Hoffnung und Sehnsucht nach Walter.

Professor Klein hat mich untersucht, es ist doch so. Das war ein froher Tag. Es ist mir lange, lange nicht so zumut gewesen. Jetzt Symptome, die es mir bestätigen. Augenflimmern und die sonderbare Übelkeit. Die nächsten Tage ebenso.

Es ist jetzt kein Zweifel mehr. Ich bin froh und ruhig. So elend, daß ich kaum durch Zimmer gehn kann. Und denke nichts andres mehr. Ein Kind. Ein Kind. Mein Gott.

Aus dem Tagebuch · 24. 12. 1897

Am 1. 9. 1897 hatte Franziska zu Reventlow ihren Sohn Rolf zur Welt gebracht.

Das Herz ist wieder gesund.

Der erste Weihnachtsabend, wo ich ganz allein bin. Ich habe mir einen Baum gemacht, und die alten Maurers [das Hausmeisterehepaar] waren da. Wir saßen um Bubis Wiege und huldigten ihm wie die heiligen drei Könige. Der alte Maurer: »In ganz Deutschland, ja in Europa gibt's kein Kind wie das und keine Frau wie die Frau Assessor.« – Bubi fürchtet sich vor den Lichtern und schreit, ich leg' ihn ins Bett und trinke mit den Alten Punsch.

Jetzt allein. Der gute Noorden schickt mir Wein. Denke an zu Hause, die Geschwister – erst fünf Jahre. Mir kommt es so lange, lange vor.

Ich möchte reich und verwöhnt sein, einen großen Weihnachtstisch mit Geschenken.

Sonderbares Leben. Aber es ist doch gut, ich bin so froh, daß ich lebe, seit ich mein süßes Kind habe.

Aus dem Tagebuch · 31. 12. 1897

Die Woche wie ein Tier gearbeitet und jetzt wieder alleine. Um halb sieben Zugeherin und der Kohlenmann, der für mich schwärmt und es schade findet, daß die schöne Frau Gräfin so allein ist, wünschten mir beide frohes Neujahr. Ich war in so froher und sonderbarer Stimmung, dachte an voriges Jahr, wo ich nachts heimkam und so ganz verzweifelt war. Kann heute nicht zu Bett gehen, bis jetzt an der Nähmaschine gesessen und Kissen für Bubi genäht. Dann ihn zu Bett gebracht, um dreiviertel zwölf wacht er auf und lallte eine lange Rede, das Göttergeschöpf.

Aus dem Tagebuch · 1. 1. 1898

Gott, mein Gott, eine solche Hochflut von Leben, Freude, Seligkeit nach dieser Nacht.

Um halb ein Uhr kam er [Alfred Friess] unter mein Fenster und rief »Prosit Neujahr« herauf. Dann saßen wir von Stunde zu Stunde da und sprachen. Ich habe nie daran gedacht, daß es einmal so kommen würde, nicht, weil gewünscht. Und dann war es plötzlich doch da und schlug über uns zusammen. Es war alles wie ein Märchen, das gar nicht wahr sein konnte. Dies ganze Jahr war ich so einsam und oft so schwermütig gewesen, nun braust wieder die alte, frohe Lebensfreude, mir ist, als ob meine Seele sich nach allen Seiten auflösen möchte, zerschmelzen in lauter Seligkeiten. Als er um sieben

»Ich hatte meinen weißen Schlafrock angezogen, um möglichst schöne Mutter zu sein. Von der besseren Profilseite photographiert. Bubi schläft jetzt nach großer Anstrengung.« (Tagebuch, 15. 10. 1897.)

fortging in den Wintermorgen, ging ich zu meinem Kleinen herein. Ich hab' lange an seinem Bettchen gelegen und ihn an mich gedrückt, und es hätte mich fast zersprengen mögen. O Leben, göttliches, göttliches.

Heute so wundervoll übernächtig, weiß kaum, wo ich bin. Vormittags mein Kind genommen und ausgefahren. Es war so wie ein weiches Frühlingswetter, ich wollte durchaus Veilchen haben, konnte aber keine auftreiben. Und den ganzen Tag ging mir die Stimmung dieser Nacht wieder durchs Herz und durch alle Nerven.

Abends kam er wieder.

Aus dem Tagebuch · 31.12.1901

Ausgeschlafen und frischer aufgewacht. Schwere, schwarze Wolken, dazwischen fahler Sonnenaufgang. Dann kommt die Sonne durch, und es ist wie ein Frühlingstag; Vögel zwitschern. Schäftlarn ist mir ein heimatlicher Erdenfleck, wo ich ausruhn kann und still bin.

Das vierte Mausneujahr, und es geht zu Ende mit Genesung. Jetzt muß ich wieder »drauf«, keinen Tag verlieren.

Im Sonnenuntergang nach Ebenhausen. Heimfahrt. Hier Weihnachtsbaum noch einmal angesteckt, den großen und Bubis kleinen. Mit ihm dagesessen, erst etwas traurig – Einsamkeitsgefühle – die aber vor dieser warmen Gegenwart verschwinden. Jetzt schläft das Göttliche, da steht sein Puppentheater, seine Wiege, sein Bäumchen. Und ich wollte traurig sein. –

Alles ist still im Haus und ich in einer selten ruhig-frohen, leicht gemessenen Stimmung. Las in alten Briefen – Walter – Adam – dazwischen Karten von Fr[iess] – Die erste Neujahrsnacht seit vier Jahren, wo ich allein bin und nicht auf ihn warte.

Vor vier Jahren kam er um Mitternacht unter mein Fenster – ich weiß noch jeden Moment aus der ganzen Nacht und wie ich dann am Neujahrsmorgen den Bubi spazierenfuhr und mir Veilchen kaufte. Es war auch solches Frühlingswetter wie heute – – Und wo mag er jetzt sein?

Eigentlich ist er mir ganz gleichgültig. –

Ich denke daran, wieviel lichter alles für mich geworden ist – und rüttle aus alter Gewohnheit etwas an meinem inneren Menschen, der mir immer noch nicht ganz gefällt.

Und auch da sind es wieder nur meine Nerven, an denen ich zu arbeiten habe. Besonders wegen der Maus – ich will nicht die kleinste Regung von Ungeduld und ähnlichen Greueltaten. Kann mir aber auch das Zeugnis ausstellen, daß die sehr selten sind, nur wenn ich vor Elendigkeit, Hetzerei etc. am Zerspringen bin. Müßte ich nicht arbeiten, d.h. mit dem Kopf arbeiten, so wäre ich eine vollkommene Mutter. – Das alles nagt an mir, zerstört mich und explodiert manchmal, aber durch mehr Einteilung soll auch das jetzt unschädlich gemacht werden. Lieber noch ein paar Falten bekommen als Risse in das kleine, zarte Gemüt, das mir ganz gehört. So oft frage ich ihn: Maus, bin ich nicht abscheulich? – und er immer: »Nein, du bist brav.« O Gott, nur überhaupt keine verhetzte, fahrige »Existenz« werden. –

Der Roman liegt hinter mir – die erste Abspannungsnervosität ist weg, wieder in ein stilles, erfreuliches Tempo eingelenkt.

Meine Göttermaus, wir sind doch so namenlos glücklich und reich miteinander, und der Reichtum soll immer größer und vertiefter werden.

Aus dem Tagebuch · 1. 1. 1904

Neujahrstag.
Seit drei Tagen mit Wut an einer Übersetzung, die nun hoffentlich die letzte ist, und alle Morgen auf dem Eis.

Gestern der Silvesterabend, wehrte mich mit aller Macht gegen meine Sentimentalität und das viele Zurückdenken. Vor allem an Monsieur und unsere vielen Neujahrsnächte und an voriges Jahr, wo wir alle bei Wolfskehls waren, so einig und noch beisammen. – Nachmittags nach altem Brauch den Baum noch einmal angezündet, aber Bubi müde und ich sehr müde. Es tut mir wohl, mich so ganz in meine Gedanken hineinzuversenken, vor allem alles, was jetzt kommen soll, wirklich einmal kommen soll. Das Leben ist doch gut und schön und unendlich reich, vor allem meins. Und soll es noch viel mehr werden. Immer wieder über Berge und sich aus allem möglichen herauswickeln, aber es wird auch immer klarer vor mir, und ich bekomme die Hände immer mehr frei, wenn sie mir nur nicht zu früh müde werden.

Ja, mein Kind, dein Herz ist noch entsetzlich jung, danke dem lieben Gott, daß dein Gesicht es auch noch ist und du selbst überhaupt. Warum muß nun dieser Mann wieder eine unglückliche Liebe haben und so arg monogam geartet sein. Aber cela ne fait rien, schön war's doch und so vielleicht um so schöner. Ich möchte wieder einmal hinfahren und einen Tag im Atelier oben liegen, Klavier spielen hören und ihn damit necken, ob er sich nicht ganz verheiratet vorkomme, sein Lachen hören. –

In den Rheinbaben war ich ja auch etwas verliebt, das war nun so ganz unmöglich.

Klages hat doch recht gehabt mit den Erlebnissen, die keine wirklichen zu sein brauchen. Tausendmal recht. Für mich ist dies Erlebnis, das keins war, voll schöner und heimlicher Reize gewesen. –

So bin ich wieder daheim in meiner Kaulbachstraße, bin so glücklich, innerlich froh und leicht, als ob das ganze Leben von vorn anfänge. Immer wieder von neuem werde ich jung und froh, wenn es mir nur ein wenig gutgeht. Herrgott, und wie ist es mir meistens gegangen! Wenn ich daran denke – wer hat soviel durchgemacht wie ich in großen und tausend kleinen Sachen und ist überhaupt noch fähig froh zu sein?

Weihnachten so schön – Rolf so sehr lieb und kinderselig. Das Kind allein und alles um ihn herum ist unendlicher Sonnenschein. Auch, daß ich nun malen kann, Jahre vor mir habe statt tausend und tausend Hindernisse. Ich danke ja dem Himmel auf den Knien, daß es noch einmal gekommen ist. Bin ganz voll innerer Glückseligkeit.

Trotzdem, da ist schon wieder ein Trotzdem – ich bin beim großen Müller gewesen, und er sagte, meine rechte Lunge wäre angegriffen, wenn ich mich nicht schonte, könnte es recht ernst werden. Ich wußte es ja schon lange und war nicht so sehr überrascht. Habe auch keine Angst und finde es ganz stilvoll. Ich kann mich ja jetzt schonen und brauche nicht zu rasen und zu hetzen. Wenn ich vier Jahre malen kann, soll alles gut sein. Nein, das Leben ist gut und wundervoll und immer wieder neu.

4 Die Kunst, das Leben

»Ich glaube, wenn ich erst ordentliche Arbeit vor mir habe, wird es besser werden.« (30. 8. 1890.)

An Michael Georg Conrad
München · 30. 12. 1893

Der Schriftsteller Michael Georg Conrad (1846–1927) war Herausgeber der Münchner Literaturzeitschrift Die Gesellschaft.

Sehr geehrter Herr Dr. Conrad,

haben Sie meinen allerherzlichsten Dank für Ihre gütigen und lieben Zeilen, die mich von Herzen erfreut und mir wohlgetan haben, und für Ihre Teilnahme an meinem Ergehen.

Es hat mir sehr leid getan, daß Sie so krank gewesen sind, hoffentlich sind Sie jetzt wieder erholt.

Mir ist es in letzter Zeit besser gegangen, ich habe sogar Schulden getilgt und jeden Tag zu Mittag gegessen. Ich bin nämlich zu dem schweren Entschluß gekommen, die Bildhauerei an den Nagel zu hängen, und werfe mich nun ausschließlich auf die Malerei. Ich hätte es auf die Länge doch weder pekuniär noch gesundheitlich durchführen können, beides von Grund auf zu betreiben, und habe eingesehen, daß es schlecht ist, wenn man seine Kräfte aufreibt und zersplittert. Für's erste geht es also, und ich danke Ihnen herzlich für Ihr freundliches Anerbieten.

Aber schreiben muß ich doch. Es gibt so vieles, was man gerne künstlerisch gestalten möchte und es wenigstens noch nicht in der Malerei ausdrücken kann. Da drängt es mich mächtig dazu, es zu schreiben. Und wenn man es schreibt, so will man es auch nicht liegenlassen, einmal aus gemeiner Vernunft und praktischer Überlegung, und dann kommt einem, wenigstens mir, auch oft das Bedürfnis, das, was man vom Leben und von den Menschen gelitten hat, hinauszuschreien, um sich Luft zu machen, damit die gleichgültigen Menschen sich einmal umdrehen, um zu sehen, wer denn da geschrien hat.

Ich fürchte nur, daß ich meine Sachen nie an einer Zeitung loswerde, aber ich kann nicht anders schreiben. Sollte es nicht möglich sein, mehrere Sachen zusammen als Band herauszugeben. Aber wie macht man das?

Könnten Sie eventuell ein oder das andere Gedicht in der Gesellschaft anbringen, da würde man wenigstens etwas bekannt. Den Namen kann man natürlich vorzüglich als Reklame anbringen! Wenn ich Ihnen vielleicht einiges zur Ansicht schicken darf, so werden Sie mir ja Ihre offene Meinung darüber sagen. Es liegt so sehr viel an Ihrem Urteil, und man kann seine Sachen so sehr schlecht selbst beurteilen.

Es ist sonderbar, aber ich kann oft eine lange Zeit absolut nichts produzieren, überhaupt gar nicht ans Schreiben denken, dann sammelt sich allmählich ein ganzer Haufen ungeschriebener Romane in meinem Kopf, und dann muß ich mich schließlich hinsetzen und es schreiben, nur um es loszuwerden. Seit ich bei Ihnen war, habe ich absolut nichts zustande gebracht, war durch die böse Zeit, die mir aber viel an erlebtem Stoff gebracht hat, geistig und körperlich etwas stumpf geworden.

Und doch ist dieses Künstler-Bohèmeleben das Beste von meinem ganzen bisherigen Leben gewesen. Es ist wenigstens frei, ganz frei, und man sieht hinter den Kulissen ungleich viel wahrer, und an den Menschen lernt man in der Not viel Gutes kennen, an das man sonst nur als Kind glaubt.

– Da sehe ich, daß ich Sie mit einem ganz langen Schreiben, wie ich fürchte, etwas angeödet habe, aber wem das Herz voll ist, geht der Mund über.

Mit herzlichem Dank für Ihre Güte und bestem Gruß

F. Reventlow

Der Philosoph Ludwig Klages (1872–1956) unterstützte die Reventlow bei der Niederschrift von Ellen Olestjerne.

Mein lieber Freund.

Sie haben mir heute allerdings einen unpersönlichen Brief geschrieben, und ich habe lange darüber nachdenken müssen, was ein centripetierendes Prinzip wäre, bis ich mich erinnerte, einmal etwas von Zentrifugalkraft und Zentripetalkraft gehört zu haben. Sie haben mich also doch noch etwas zu hoch taxiert.

[...]

Was unser Sehen betrifft, ist mir das Hinausschieben sehr unlieb, im Hinblick auf den Roman aber wieder sehr recht, wenn ich noch eine Strecke weiter bin. Ich habe jetzt die sehr schwierigen Ibsenclub-Jahre, Examenszeit, erste und zweite Liebe hinter mir, es kommt mir viel zu lang vor, und doch sind es lauter Sachen, die ich gerne drinhaben möchte. Jetzt kommt der Familienkrach, Pastorenhaus, Flucht und Nachflucht bis München, das werde ich so kurz wie möglich behandeln. – Ich wundere mich bei all den Erinnerungen nur immer wieder, daß ich in jenen Jahren nicht einfach zu Pulver zerrieben wurde, so überstürzte sich alles.

Bei dem, was Sie vom Schaffen sagen, mußte ich viel darüber nachdenken. Aber wissen Sie, daß ich doch im Grunde dies Buch auch wieder nicht als eigentliches Schaffen empfinde. Diesen Begriff kann ich mir nur bei bildenden Künstlern vorstellen, zu denen ich diese Art von Schreiben doch nicht rechne. Vielleicht wohl nur, weil es mir so wenig liegt. O Gott, wenn ich nur malen könnte, ich glaube, dann wäre mir das ganze Leben ein fortwährender Rausch, aber ich darf gar nicht daran denken. Ich war eigentlich glücklicher, als diese Hoffnungen begraben waren. Wenn ich jetzt daran denke, in diese Miß-Existenz zurückzukehren – aber lieber still davon. –

Es geht jetzt überhaupt fortwährend auf und nieder in mir, und ich bin manchmal so benommen innerlich, daß ich das Gefühl habe, absolut nichts mehr zu sehen und zu hören, daß ich ganz wie in mich selbst eingewickelt herumgehe und mich mit Gewalt erst auf die Wirklichkeit besinnen muß. Ich glaube überhaupt, lieber Freund, daß ich oft nicht weit davon bin, verrückt zu werden, z.B. in solchen Momenten, wo man vor dem Spiegel steht und vergebens sucht, sich klarzumachen, daß ich das bin. Und dann ist man auch wirklich nicht da und fühlt, daß nur ein absolutes Nichts da ist. Ich habe auch anderen Menschen gegenüber oft die Empfindung, daß sie nicht da sind.

Aber ich will Sie lieber nicht mit Spinnereien elenden. – Heute setze ich wieder einmal einen Abend aus, habe auch sonst nie länger wie bis 9 gearbeitet, wenn ich grade sehr im Zug war. Diese Tage habe ich eine Müdigkeit wie im Frühjahr, ein unaufhörliches Sehnen nach Stilliegen und Hinduseln. Aber das ist gewöhnlich so in der Herbstübergangszeit. Man möchte starken Wein trinken, aber nur in der Idee, und milde berauscht auf dem Sofa liegen. Es geht so weit, daß ich nicht essen mag, weil man den Mund dabei bewegen muß.

Ich glaube, im gewöhnlichen Leben nennt man das Faulheit; aber mir liegt zugleich ein großer Genuß darin, und mit dem Kopf kann ich dann manchmal gerade am besten arbeiten.

Eigentlich ist man doch überhaupt wie ein Kaleidoskop, jeden Augenblick ist es anders, aber auch ganz anders. Macht es Sie nicht nervös, wenn ich immer wieder schreibe: Heute ist mir so und heute so?

Bitte, Lieber, lassen Sie mich die Sachen als Trikos etc. recht bald bekommen, es ist arg kalt, und ich bin dies Jahr sehr ängstlich, mir nichts zu holen, was mich wieder aufhalten muß. Wenn die Dinger nur auffindbar sind. – Aber wie schön es jetzt draußen ist, alles weiß, leicht weihnachtlich, selbst am Tage taut der Reif nur teilweise, und dazwischen noch die Herbstfarben. Viele Bäume stehen schon ganz kahl, und im Wald raschelt alles. Der Bubi ist immer warm wie ein Bratapfel. –

Von Falckenbergs bekam ich jetzt glücklich 30 M., bin hier aber viel mehr schuldig. Weiß die Flingelli keinen Rat? Nun gute Nacht, ich gehe schon wieder um 8 Uhr schlafen.

Ludwig Klages an Franziska zu Reventlow
München · November 1901

Klages hat Auszüge aus seinen Briefen an die Freundin in dem Buch Rhythmen und Runen *(1944) veröffentlicht; für ihn war Franziska zu Reventlow die Verkörperung seiner philosophischen Ideen.*

... So voll dunklen Lebens ist Ihr Brief, den ich gestern erhielt! Das sind wahrlich keine »Spinnereien«, das ist der ruhelose Wellenschlag des Lebens, aber wie vor einem Sturme, wenn in kurzen

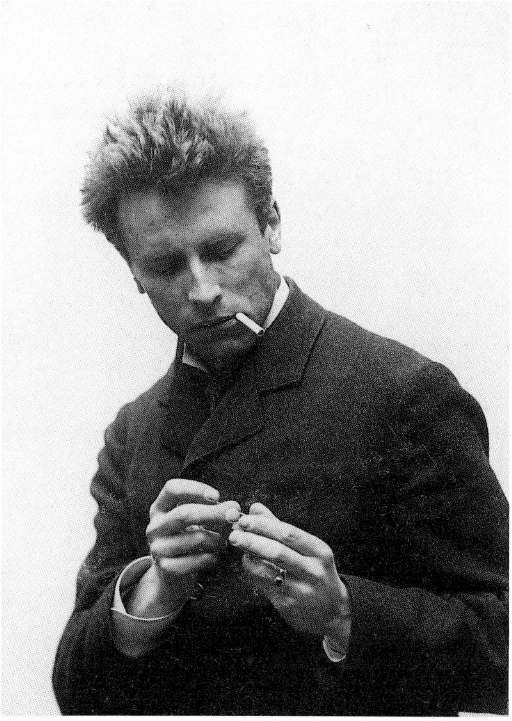

Ludwig Klages, 1902.

Stößen der Wind bis weithinaus die niedrigen Wogen mit Schaumkämmen krönt, so daß die See zu fiebern und zu sieden scheint. – Ich möchte glättende Öle in diese hastig atmende Brandung gießen.

Denn über mich ist nun eine große und seltene Ruhe gekommen. Jene schreckliche Woche neulich war eine schwere Krise, und darnach ist mir freier geworden, ferner, kühler, stiller. Der tiefste Grund auch dafür ist wieder ein planetarischer. Es war ein letzter Vorstoß des Föhns, und seitdem zog der Winter ein. Der Winter aber ist *meine* Jahreszeit, die Jahreszeit meiner möglichen Größe. – Ich hatte schöpferische Tage, womit ich auch minder erfreuliche Arbeiten zwang und manches Gute noch nebenher erwog. Ich fühle die nun wachsenden Spannungen des Erdballs, die in arktischen Zonen als Nordlicht ausbrechen und bei uns wenigstens die Lichter auf den Tannen zünden. Das ist *mir* der höchste Dionysos, stärker als alle Brutglut der Tropen ...

Die großen Schauer freilich sind für immer dahin. Jetzt *befrage* ich die Sphinx, und in günstigen Stunden ist sie mir gnädig und gibt selbst den Sinn ihrer Rätsel. Einst aber *war* ich die Sphinx, war Sphinx und Meduse und Greif in eins. – Der Schatten der Trauer weicht nie mehr von meinem Leben. –

Wie ich Ihren Brief so las, meine Freundin. – Sie sind doch auf einer andern Stufe des Lebens als ich. In Ihnen pulst und pocht und hämmert es ewig ... *Vor*blick ist Ihr ganzes Sein und zukunftsschwangerer Wirbel. Ich blicke immer nur *zurück* und träume von uralt erloschenen Bildern ...

... Eine Quelle bist Du, die eiskalt und vom Odem der Tiefe umdunstet aus dem Herzen der Erde bricht, und schon wer sie hört, wie sie klirrend und dampfend in ihrer Felsschlucht niederrauscht, fühlt seliges Schaudern und Mut, »mit Stürmen sich herumzuschlagen« ...

... Die dunklen Tage sprengender Schauer, die großen Tage des flammenden Alls – uns *haben* sie geblüht, und wie klein und gleichgültig ist doch im Grunde alles Menschenschicksal, wenn es nicht in kosmischen Feuern brennt! ...

An Ludwig Klages · Schäftlarn · 4. 11. 1901

Mein Freund.

[...]

Bei allem denke ich jetzt an den Roman, daß mir nichts Störendes dazwischenkommt, aber nicht mehr wie im Anfang mit Widerstreben und Muß; ich liebe ihn jetzt wie ein werdendes Kind und zittere nur davor, daß es eine Mißgeburt werden könnte. Aber wenn Sie wüßten, was in Gedanken an alte Zeiten oft für Stürme wieder erwachen, es packt mich eine förmliche Raserei aufs Leben, ich möchte noch so entsetzlich viel leben – bekommen Sie nur keinen Schrecken, wenn ich solche Reden halte. Aber ich muß jetzt immerfort arbeiten, um das alles niederzuhalten, und es ist sehr klug von mir, daß ich mich selbst in die Wüste verbannt habe. –

[...]

Heute ist ein richtiger Wintermorgen, alles weiß bereift und wundervoll. Es kommt mir vor, als ob ich jahrelang nichts von den Jahreszeiten gemerkt hätte – leben Sie wohl.

F.

Auch möchte ich jetzt doch gerne 3 Paar wollene Strümpfe haben.

An Ludwig Klages · Schäftlarn · 12. 12. 1901

Mein lieber Freund.

Dank, nur immer wieder Dank für Ihre Briefe. Ich lebe jetzt nur noch zwischen Schlaf und Arbeit. Bitte nur keine Sorgen – heute war eine Sturmnacht, daß das ganze Haus bebte, wie mag die bei Wildenroth über die Ebene gebraust sein. Jetzt habe ich nur noch eine Bitte, vielleicht ein Opfer, aber ich muß es verlangen. Die Tage hier müssen *ganz allein* noch mir und meiner Arbeit gehören – es sind nicht viele mehr, und ich werde jeden ganz und voll brauchen, auch die, wo ich ruhen werde. Du darfst mir darüber nicht zürnen – denn ich fühle es als Notwendigkeit. Dies letzte muß eine Einsamkeit *ohne* Grenzen sein. Ihr müßt mich einfach aus der Reihe der Lebendigen streichen.

Ich weiß im voraus, wie schwer der Übergang aus dieser Anspannung und zugleich aus der äußeren Ruhe sein wird, und Ihr müßt es mir überlassen, wie ich ihn im Augenblick am besten finde.

Ich will kommen oder nicht kommen, sehen oder gesehen werden, wie *mir* der Augenblick es sagen wird.

Mein lieber Freund, das klingt abscheulich hart und kalt – aber ich kenne mich, wie ein Arzt seinen Patienten kennt, und mit diesem Patienten habe ich jetzt umzugehen. Mir ist jetzt wirklich ähnlich zumut wie bei schweren Krankheiten – da will ich ganz allein sein, auch die Besten dürfen mir nicht nahe kommen, und diese Ferne bedeutet keine Ferne. Mir ist sogar, als ob ich nur aus dieser Ferne heraus noch reden könnte.

Mein Freund, es ist eine *entsetzliche* Arbeit, ein entsetzliches Werk, es nährt sich von meinem Blut.

Ich wünschte es manchmal ungeschrieben. – Und immer wieder drängt sich mir der Vergleich mit dem Gebären auf – im ersten Moment keine Freude, keine Erlösung, nur dumpfer nachträglicher Schrecken und zitternde Nerven, die nach Einsamkeit schreien. – Das andere kann nur allmählich kommen.

Nein, mein Freund, Du darfst mir jetzt auch nicht nahe kommen, mir in diese Einsamkeit nicht folgen wollen, aber sage mir, daß Du nicht böse sein wirst.

Habe Dank für Deine Briefe, und denke nicht, daß ich sie nicht empfinde, weil ich stumm bin.

Es geht mir sehr gut, und ich glaube, alle Angegriffenheit nachher rasch wieder zu überwinden. Eigentlich waren es ja nur die letzten Wochen, wo ich mich heftig angestrengt habe, und nicht genug körperliche Bewegung.

Lieber Freund, ich darf mich noch auf nichts freuen, aber manchmal leuchtet doch der Gedanke durch, diesen Stein von der Seele und die Arbeit von den Händen zu haben.

Im allgemeinen gehe ich selbst jetzt herum wie ein Stein, d.h., ich bin so nervös, daß ich aus lauter Nervosität ganz ruhig werde und selbst den Bubilärm mit Gleichmut ertrage – stehe vom Schlaf auf zur Arbeit und umgekehrt, und wenn es nicht Schlaf ist, sind es Gedanken an die Arbeit. –

Heut kamen wir auf die Höhe und dort in Schneesturm, wie ich ihn noch nie gesehen habe, als ob lauter heulende, weiße Gestalten über das Feld hinjagten. Ich habe mich den ganzen Rückweg förmlich gefürchtet.

Leb wohl, mein Freund, willst Du mich loben, wenn ich sage, daß ich schon um 8 Uhr mich niederlege. – Leb wohl und sei froh, quäle Dich mit nichts und um nichts.

»Herrlich muß es sein, so in die Nacht hinaus. […] Aber für die Gegenwart muß ich allerdings alle Wünsche nach Leben zurückdrängen, und ich liege hier ganz gefaßt im schönsten Mondschein mit Zarathustra *und begnüge mich damit, an Dich zu denken, weil ich Dich nicht haben kann.« (26. 2. 1891.) – Im Sommer und Herbst 1902 überarbeitete die Reventlow das Manuskript von* Ellen Olestjerne. *In dem oberbayrischen Dorf Schäftlarn, wohin sie sich zu diesem Zweck zurückgezogen hatte, besuchte sie ihr langjähriger Liebhaber Alfred Friess.*

Monsieur kommt von Wolfratshausen. Wir stehn spät auf und gehn im Sonnenschein hinauf, ihn abholen. Ein Tag mit tiefem Glück, ihn einmal hier zu haben, ihm alles zu zeigen. Es wühlt mich auf und macht mich doch still und froh. Und er war sehr lieb. Bringen ihn wieder hinauf und fahren bis Hohenschäftlarn mit. Zu Fuß zurück, auf den Feldern die Leute beim Heuen. Herbstdunst in der Ferne, aber in der Sonne ist noch Sommer. Ich bin ganz schwindlig vor Glück – über nichts eigentlich und doch. Denke über meine Lebensjahreszeit nach. – Es ist doch erst Mitte Juli.

Sonderbar, wie demütig ich vor diesem Mann bin, es rührt und freut mich jedes gute Wort – wenn ich nur dürfte, ich wollte ihn überschütten mit Liebe.

[…]

Wild an der Arbeit, dieser Roman ist entsetzlich, wie ein Gewirr, aus dem man niemals hinauskommt, und wirkt schlecht, sentimental, affektiert. Hätte ich meine Finger lieber davon gelassen, gibt's ein Fiasko, so wird mich die Zeit jämmerlich gereuen. Und im letzten Grunde hätte ich doch gewünscht, daß es etwas »Ungeheures« würde. Aber das wird es nicht. – Schrecklich nervös manchmal, fürchte mich am hellen Tage. Das Schreiben richtet mich sicherlich zugrunde, wenn ich nicht rechtzeitig herauskomme. Geb' mir alle Mühe, Bubi nicht darunter leiden zu lassen, das beste Gegengewicht ist, an meine Mutter zu denken. Ich will die wenige Zeit, wo ich mit ihm bin, mich an ihm freuen und ihn froh machen, ihm Märchen oder Göttergeschichten erzählen, mit ihm spielen. Aber manchmal gelingt's nicht. Der Roman geht mir im Kopf herum. Und ich möchte lieber vor mich hindösen. Manchmal bin ich auch unzufrieden mit der dicken, bequemen, stabilen Maus, ich möchte, daß er klettern und springen sollte wie eine Katze, er muß morgens mit mir Purzelübungen machen, und da werde ich leicht ungeduldig, wenn er gar so schwerfällig ist.

Eines Morgens erfreut er mich durch Purzelbäume, ich war einen ganzen Tag glücklich darüber. Jede Woche waschen wir zusammen unsere Wäsche, und er bürstet mit großem Eifer.

– Maus, wenn ich kein Geld mehr habe, muß ich mich aufhängen.

– Aber dann hängst du mich auch mit auf. –

Er denkt es sich sehr lustig und freut sich darauf. Nun malt er mir immer aus, wie wir reich werden, wenn er groß ist, und wie ich dann weiße Haare krieg' und dann noch ein paar Tage lebe und dann tot bin. Will sich dann auch totmachen und in demselben Grab begraben werden.

– Ich glaube auch, wir müssen einmal zusammen sterben. –

Wenn ich heftig gewesen bin und frage, ob ich ein böses Mamai sei: Nein, nein, du bist ein gutes, ich will dies Mamai behalten. Und ich tröste mich damit, daß er doch immer weiß, daß ich ihn so lieb habe.

Für einen Tag nach München hereingefahren, um die Maus auf die Oktoberwiese zu führen, die sie strahlend genießt, ohne das bei Kindern übliche Übersättigungsgeheul. Ganz zerstreut und abwesend vor lauter Freude. Abends mit Monsieur im Zirkus, hatte meinen beau jour und alles ohne Mißklang. Am nächsten Abend mit Rodi [Roderich Huch, der Vetter von Ricarda Huch] und Baschl [die Malerin Helene von Basch] wieder im Zirkus. Das Reiten versetzt mir beinah den Atem vor Verlangen.

[...]

Möchte hinaus, ins Gebirge, mit Bubi und Rucksack von einem Ort zum anderen laufen – und nicht schreiben.

5 Eine Notwendigkeit: Geld

»[...] kannst Du mir nicht durch einige Freimarken helfen, ich bin total ausgebrannt.« (*6. 7. 1890.*)

An Oskar A.H. Schmitz · Athen · 4. 12. 1900

Nach einem fast halbjährigen Aufenthalt auf der griechischen Insel Samos telegraphieren die Reventlow und der von ihr »Adam« genannte Privatgelehrte Albrecht Hentschel an den Schriftsteller Oskar A. H. Schmitz.

4. Dezember 1900, 5[30] vorm. verarmte landsleute die in die heimat zurückkehren wollen bitten verzweifelt um telegraphisches darlehen 260 mark durch bayerische filiale deutschbank an hiesigen vertreter den fröhlichen geber hat gott lieb.

Evadam Athen, Hotel Minerva.

An Paul Stern · Ascona · Januar 1911

Der prosaische Mangel an Geld gestattet die Stilisierung der Personen und die Poetisierung des Lebens auf sympathische Weise: der Bittsteller hat das Recht und auch die Pflicht zum entschuldigenden Arrangement der Wirklichkeit, das diese zur unverbindlichen ästhetischen oder gar biblischen Konstellation verklärt. Pekuniäre Schwierigkeiten nähern das Dasein nicht nur der einmal tragischen, dann wieder komischen Literatur an, sie verlangen auch Anstrengungen zu ihrer Überwindung. Die Reventlow etwa hat Souvenirgläser bemalt, Milch verkauft, in Nachtlokalen und Massagesalons hinzuverdient, Übersetzungen vor allem aus dem Französischen für den Münchner Verlag Albert Langen geschrieben und Bücher wie den Geldkomplex *(1916) verfaßt. Dem Philosophen Paul Stern berichtet sie von der Ehe mit dem baltischen Baron Alexander von Rechenberg-Linten, die sie vor allem eingegangen war, um sich aus ihrer Geldnot zu befreien. Der Baron war bereit, sie und ihren Sohn an seiner Erbschaft zu beteiligen.*

Lieber Stern,

[...]

Wenn Sie nochmal mit einem Anwalt über die Erbsache sprechen wollten, wäre es mir sehr angenehm, vorausgesetzt, daß es Ihnen keine Mühe macht. Die Sache ist so: Der Alte hat schon sein Testament gemacht, und jedes seiner Kinder hat eine Kopie davon in Händen. Das väterliche Gut hat der jüngste Sohn bekommen, der nach dem Tode des Vaters die andern auszahlen muß, und dann ist noch ein Familiengut, welches mein Gatte als Ältester bekommen *muß*. Er hat sich erkundigt, und nach russischem Recht braucht er Bubi nur zu *legalisieren*, dann gilt er für seinen rechtmäßigen Sohn und ist erbberechtigt. Die Auskunft ist von der russischen Gesandtschaft, muß also wohl stimmen. Ferner hat er jetzt ein Testament gemacht, worin er mich zu seiner Erbin einsetzt und das ich in Händen habe. Bleibt noch der Fall, daß er vor dem Alten stirbt, dann erbe ich einen sogenannten Tochterteil, d. h. $^1/_4$ von dem, was meinem Mann zugefallen wäre. – Der schlimmste Fall wäre, daß der Schwiegervater vor der Hochzeit abkratzen würde, deshalb eilen wir uns jetzt sehr, es muß nur noch aufgeboten werden, was nächste Woche geschieht, und dann die Bewilligung aus Rußland abwarten.

Der Alte scheint sogar sehr froh über die Sache, weil er dann sicher ist, daß der Sohn dann nichts Unmögliches mehr heiraten kann – er war schon einmal mit einer italienischen Kellnerin verheiratet, und man hat ihn mit vieler Mühe davon befreit. Er ist wirklich ein ganz verrücktes Huhn, aber von ungemein anständigem Charakter – na, Sternchen, Sie müssen unbedingt herkommen und ihn sich ansehen. Die Szenen beim Notar und auf dem Standesamt von Ronco waren großartig. Er schlägt auf den Tisch und flucht auf die Bürokraten. Ich hab' nur Angst, daß er den Pfaffen – man muß sich wegen irgendwelcher russischer Notwendigkeiten kirchlich trauen lassen – einfach totschlägt oder anbrüllt. Das Merkwürdige ist ferner, daß er diese Ehe, die doch persönlich gar keine Rolle spielt, noch spielen wird, als eine Art Heiligtum betrachtet und daraufhin ein neues Leben anfangen will – ferner, daß der Gedanke, daß Bubi ihn beerben wird, ihn geradezu begeistert. Ach, ich möchte so inzwischen mal einen Abend mit Ihnen in der Neuen Börse oder sonstwo sitzen und mit Ihnen ratschen. Eine solche Häufung von Situationskomik ist mir lange nicht vorgekommen.

Ich nehme gleich den heutigen Tag zum Schreiben wahr, denn ich bin einmal wieder lägerich, d. h., soweit man sich es hier gestalten kann, man muß halt doch inzwischen wieder aufstehen und über die je nachdem schnee- oder regenbedeckte Altane in die Küche gehen. Ja, es geht mir ziemlich übel, bäuchlich ist irgend etwas los, was ich nicht recht entziffern kann, und ich habe Kehlkopfohren (wissen Sie, was das ist, zwischen Ohr und Hals tut es weh und ist wie zugestopft). Immerhin ist es schon besser wie vor Weihnachten, wo mir ganz kreuzmiserabel war und trotzdem die Übersetzung mit 30 Seiten pro Tag gemacht werden mußte. Wenn ich das Notwendigste erledigt habe, lege ich mich hin, und wenn es mir inzwischen gutgeht, gehe ich mit Bubi Holz sammeln. Ich habe auch so ein Gefühl, daß es jetzt besser wird. Nächsten Monat hoffe ich nun, auch Wohnung zu wechseln. Diese ist ungemein unkomfortabel und der Weg bergab und -auf sehr übel. Vielleicht bekomme ich jetzt eine unten am See, etwas seitab von Ascona, die auch billiger ist und ganz für sich. Dann will ich mich gern darin ergeben, vorläufig ganz hierzubleiben.

Guter Stern – noch eine Bitte, es ist zwar eigentlich recht taktlos – aber würden Sie mir nicht jetzt meinen Dollar-Talisman, den ich Ihnen letztes Jahr verpfändete – also jetzt mir das Pfand selbst pumpen? Es eilt nicht, ich habe diesen Monat noch de quoi existieren, durch die Übersetzung, die zwar durch die Abschrift und einige andere Kosten arg reduziert wird. Dann bekomme ich wieder eine zu machen, die am 1. März fertig sein wird, aber nicht gleich gezahlt wird. Bis dahin geht es. – Ich hoffe nun, von Franzl [Franz Hessel] etwas zu erringen, und wenn Sie die Dollars beisteuern, so kann es grade gehen. Ich bin wahnsinnig haushälterisch geworden und komme mit 100 Lire inkl. Heizung durch den Monat. Von der nächsten Übersetzung habe ich dann 3 Monate vor mir, in denen ich selbst schreiben werde. – Ich hätte jetzt tatsächlich Lust und verschiedene Themen, aber neben Übersetzen und Hausarbeit und Bubi-Unterricht und Bauchweh und Heiraten komme ich natürlich zu nichts.

(Dummerweise haben nun dieses Weihnachten sowohl Schwägerin wie jüngster Bruder, die sich sonst immer betätigen, es anscheinend vergessen, worauf ich stark gerechnet hatte.)

Sternchen, wenn ich erbe, lade ich zu einem Souper ein, wo die Zigaretten mit Dollarscheinen angezündet werden. – Ich fürchte nur, der Schwiegervater überlebt mich doch noch. Aber wie dem auch sei, ich habe dieser Tage, wo ich viel ruhig gelegen und nachgedacht habe, so ein Gefühl, als ob ich bei etwas Ruhe, die in einigen Monaten zu erwarten ist, ungemein wieder aufleben könnte. Die letzten Jahre waren etwas über unsere Kraft. [...]

Aber adieu, adieu, mir kommt vor, als ob ich abends gegen 7 bei Ihnen sitze und Cherry Brandy trinke und immer noch nicht gehe. Statt dessen werde ich jetzt die Kombination von Klappstuhl und Handkoffer verlassen, die den Diwan ersetzt, und mit dem Bett vertauschen.

Also viele, viele herzliche Grüße.

Ihre F. Reventlow

An Franz Hessel · Ascona · 5.1.1911

Ich habe lange mit Schreiben gezögert, die Übersetzung verbrannte mir das Hirn und der Ofen die Pfoten. Und mir war überhaupt sehr ungemütlich. Hier ist mir so fad, es hatte nur auf den ersten Anblick allerhand Charme. Aber ich mag schon Ascona nicht mehr, und mir gruselt vor dem Frühjahr, wo gewiß die greulichsten Leute herkommen. Na item, wie Sie zu sagen pflegen.

Aber ich habe inzwischen große Energie entfaltet. Idiot [eine Bezeichnung ihres zukünftigen Ehemanns] hat gar nicht gestimmt. Es ist ein Seeräuber. Wettergebräunt, angezogen wie ein russischer Matrose oder ähnliches. Reithose und russische Bluse, versoffen und tatsächlich ganz taub. Man verständigt sich nur schriftlich oder brüllt einzelne Worte. – Aber ein netter Kerl, anständiger Charakter, chevaleresk, was bei diesem Aufzug sehr komisch wirkt, ziemlich verrückt, hat Angst vor Frauen, weil er fürchtet, sie möchten ihm den Kopf abreißen, und vergewaltigt sie dann aus Angst.

(Dies aus Erzählungen, nicht aus eigener Erfahrung.) Sehr primitiv, sein Traum ist, in Sibirien wieder Goldwäscher zu sein. So Sachen hat er in seiner Jugend getan.

Unsere ersten Rendezvous fanden im Albergo vor dem Kamin statt, und ich hatte immer das Gefühl, es sollte ein Verbrechen begangen werden. Alle Vereinbarungen wurden mit wilden Schwüren und Händedrücken bekräftigt. Für Bubi schwärmt er, und Bubi hat es sehr imponiert, wie er eines Nachmittags mit einem großen roten Regenschirm aus dem Dickicht hervorbrach und erklärte, er würde ihn als seinen »Blutssohn« annehmen und zu seinem Erben einsetzen.

Kurz, wir sind ein Herz und eine Seele, nur, wie gesagt, ist es ungemein schwierig, Gespräche zu führen.

Dann stellte sich heraus, daß sein Vater zur Zeit in Locarno ist. Und ich mußte mich einem Interview mit dem Schwiegervater unterziehen. Er schien zwar etwas erstaunt und anfangs leise mißtrauisch, aber ich habe doch mit Glück den guten Engel posiert, und er mußte anerkennen, daß sein Sohn in letzter Zeit manchmal nüchtern gewesen wäre.

Das ist nämlich ganz komisch, er hat tatsächlich die Idee, daß er nicht mehr trinken will, weil er eine Frau und einen »Blutssohn« hat.

Ich wollte nur, der ganze Kelch wäre erst vorüber und es käme Geld, und ich könnte mich drücken.

Aber genug, genug – ich hoffe, baldmöglichst nach Locarno überzusiedeln. Im Frühjahr soll es furchtbar sein, überall nackte Haarmenschen, die Sonne und Luft baden. Kurz, man ist kribbelig und möchte sich verändern.

An Friedel und Friedrich Kitzinger
Ascona · Februar 1914

Im Januar 1914 brachte der Tessiner Bankkrach die Reventlow um das nach dem Tod des Schwiegervaters erst kurz zuvor erhaltene Erbe. Über die derart zunichte gemachten Hoffnungen auf ein sorgenloses Leben in Reichtum schreibt sie an den Strafrechtler Friedrich Kitzinger und seine Frau.

Liebe Freunde!

In bezug auf Briefschreiben habe ich allmählich ein miserables Gewissen, daß ich nicht einmal eine Entschuldigung wage. Lassen Sie sich in Kürze den letzten Film meines Daseins berichten, um Sie milde zu stimmen: Anfang Dezember die schmerzlich erwartete Erbschaft – man gab Auftrag, die Obligationen in Rußland zu verkaufen, bekam daraufhin Vorschuß von der Bank in Locarno und begab sich auf eine kurze Millionärsreise, kam zurück, um die inzwischen eingetroffenen Gelder zu erheben, gerade in dem Moment, wo der »Credito Ticinese« fallierte. [...]

Habe ich recht mit dem lieben Gott oder nicht? –

Was aber machen Sie und der Hans? Im nächsten Herbst denke ich aber doch, Sie in München zu besuchen.

Sonst geht es mir glänzend, gesund und guter Laune. Der kurze Glanz war sehr schön, der Krach eigentlich auch ganz lustig und der Entschluß, im Ausland zu bleiben, erlösend. – Kurz, der Herr hat's gegeben, der Herr hat's genommen, der Name des Herrn sei gelobt!

Und nun für heute nur noch viele und herzliche Grüße und bitte einmal eine Nachricht von Ihnen.

6 Die weibliche Existenz – in der Theorie

Aus dem Essay Viragines oder Hetären? 1899

Wenn wir auf das geistige Gebiet übergehen, so klingt die Behauptung der Frauenrechtlerinnen, daß die Frau dasselbe zu leisten imstande sei wie der Mann, immerhin plausibler, aber wohl hauptsächlich deshalb, weil das Gegenteil schwer zu beweisen ist. Es kommt ja schließlich heutzutage öfter vor, daß Frauen trotz mangelhafter Vorbildung irgendein Studium glänzend absolvieren, also auf einem oder dem anderen geistigen Gebiet dasselbe fertigbringen wie ein Mann. Aber – es ist ein großes Aber dabei, das den Beweis zunichte macht: das Leben kommt zu kurz dabei. Der Mann ist neben seinem Studium oder Beruf noch imstande, zu genießen, zu lieben, seine Funktion als Mann auszuüben. Das kann die Frau nicht. Sobald sie zum Beispiel Mutter wird, ist es aus mit dem Studium oder legt ihr wenigstens die Mutterschaft starke Beschränkung auf. Die Frau, die mit dem Mann erfolgreich konkurrieren will, kann also wiederum nicht als auf gleicher Stufe mit ihm stehend betrachtet werden. Greift doch nur ins volle Menschenleben hinein, denkt Euch einen fetten, fröhlichen Chorstudenten, der Tag und Nacht im Wirtshaus sitzt, trinkt, liebt, paukt und es schließlich zum Arzt, Anwalt oder sonst irgendeinem Beruf bringt, und daneben eine Studentin. Die Studentin trinkt nicht, liebt nicht, sie lebt nur in ihrer Arbeit und für ihre Arbeit, als Weib zählt sie nicht mehr mit. Der liebenswerte Typus der studierenden Geliebten, den Wolzogen in seiner Claire de Vries im »Dritten Geschlecht« schildert, begegnet uns im Leben fast nie. Wir lernen in der Praxis immer nur überarbeitete, nervöse Berufsfrauen kennen, die der Welt und ihrer Lust abhold sind, weil sie eben beides nicht miteinander vereinigen können. Es soll das nicht etwa eine Verhöhnung der arbeitenden Frauen, d. h. derjenigen, die wirklich arbeiten müssen, sein. Die Energie und die Selbstverleugnung, die manche von ihnen an den Tag legen, mag ja höchst anerkennenswert sein, aber ein erfreuliches Bild ist es nicht. [...]

Eine Frau, die in der Kunst etwas leisten will, sich berufen fühlt, darin etwas zu leisten, hängt mehr wie bei allen anderen Berufsarten davon ab, wie sie zum Leben steht. Wer das Leben nicht kennt, wer nicht Schuld und Schmerzen, wer nicht Verzweiflung und schwindendes Glück an sich selbst erfahren hat, wird nie und nimmer etwas schreiben oder bilden können, was in der Seele anderer die tiefen Schauer des Lebens auslöst. Wo das nicht der Fall ist, kann auch nicht von Kunst gesprochen werden.

Es gibt aber doch Frauen genug, die das Leben kennengelernt haben in allen seinen Höhen und Tiefen, wird man mir einwenden. Ja die gibt es, aber meist bleiben sie als gebrochene Existenzen am Wege liegen, wenn sie nicht wenigstens die Mittel besitzen, um auf die Gesellschaft zu pfeifen. Einmal, weil alle tiefgehenden Erlebnisse die Frau, eben infolge ihrer physischen Beschaffenheit, mehr mitnehmen wie den Mann. Und dann auch, weil jede Frau, die sich ausleben will, den Kampf gegen die erdrückende Übermacht, gegen die Gesellschaft aufnehmen muß. Eine Frau, die eine Vergangenheit und womöglich noch eine Gegenwart hat, ist vor der Gesellschaft gleich dem Manne, der im Zuchthaus gesessen hat.

Das einzige künstlerische Gebiet, wo die Frau wirklich Gleichwertiges mit dem Mann leistet, ist jedenfalls die Bühne – der eklatanteste Beweis, daß sie nur da etwas zu sein und zu leisten vermag, wo sie ihrem Geschlecht und ihrer aus demselben hervorgehenden Veranlagung keinen Zwang aufzuerlegen braucht. Und das ist von allen Künsten nur bei der dramatischen der Fall; das Material, mit dem sie hier zu arbeiten hat, ist sie selbst, ihr eigener Körper, ihre Stimme, ihre Bewegungen, und der Mann ist hier nicht der Konkurrent, mit dem sie ihre Kräfte messen soll, sondern wie im Leben der Partner, der Mitspielende. Und ferner, was von großer Bedeutung ist, die Schauspielerei ist keine eigentlich produktive Kunst. Es handelt sich nur um die Auffassung, das Sichhineinleben, Nachempfinden. Wir haben große Schauspielerinnen und große Tänzerinnen, aber keinen bedeutenden weiblichen Komponisten oder Dramatiker.

All das zeigt uns so deutlich, daß die Natur sich nicht dreinreden läßt. Und wo man ihr dennoch dreinredet, da rächt sie sich. Was kommt denn dabei heraus, wenn man es wirklich durch Gewohnheit und Training dahin bringt, daß es im nächsten Jahrhundert

Frauen gibt, die ebenso schwere Lasten heben oder (pardon, messieurs!) ebenso viel Ballast im Gehirn herumschleppen wie mancher hochgelehrte Mann? Daß die Frau selbst nichts von ihrem Leben hat, daß die Gaben des Genusses, die die Natur in sie gelegt hat, ungenossen verkümmern, daß sie für den Mann allen Reiz verliert und die Welt immer langweiliger und geschlechtsloser wird?

Das eine ist ja richtig, und das mag jeder, der nicht die Gottesgabe besitzt, die Dinge so zu nehmen, wie sie nun einmal sind, als Ungerechtigkeit empfinden. Der Mann hat die Stellung, die ihm von Natur wegen zukommt, er ist überall der Herrschende, Angreifende, in allen Lebenslagen, in allen Berufen. Er hat sozusagen das Element, wenigstens das Element, in dem er leben kann, und die Möglichkeit, in dasselbe zu gelangen, ist gegeben. Er kann leichter zu seinem Recht als Mann und als Mensch kommen wie die Frau zu ihrem Recht. Sie ist nicht zur Arbeit, nicht für die schweren Dinge der Welt geschaffen, sondern zur Leichtigkeit, zur Freude, zur Schönheit. – Ein Luxusobjekt in des Wortes schönster Bedeutung, ein beseeltes, lebendes, selbstempfindendes Luxusobjekt, das Schutz, Pflege und günstige Lebensbedingungen braucht, um ganz das sein zu können, das es eben sein kann. Für den harten Kampf mit dem Dasein sind wir nicht gemacht, das weiß auch jede Frau, die durch die Verhältnisse zu solchem Kampf gezwungen ist. Sie leidet darunter, weil sie fühlt, daß es gegen ihre Natur ist. Wenn wir die kurze Zeit des Lebens damit ausfüllen, Männer zu lieben, Kinder zu bauen und an allen erfreulichen Dingen der Welt teilzunehmen, und dafür, daß wir unsere Kraft und unseren Körper den Männern und Kindern geben, verdienen wir, daß man uns das Leben äußerlich so leicht gestaltet wie nur möglich. Wir sind dazu da, es gut zu haben und uns nicht beklagen zu müssen. Aber statt dessen sind Tausende und aber Tausende von Frauen gezwungen, sich um das tägliche Brot zu schinden und abzurackern, sich Körper und Geist durch übermäßige Anstrengungen zu zerstören und auf ihren Reiz und ihre Funktion als Weib ganz oder teilweise zu verzichten. Darin liegt das Verkehrte, das Unmenschliche, die Grausamkeit gegen das Weib. Darüber sollte man sich entrüsten und wehklagen, wenn doch einmal wehgeklagt werden muß.

Anmerkungen zum Vorwort

1 Thomas Mann, *Buddenbrooks*, Frankfurt am Main 1975, S. 57f.
2 So Theodor Lessing, *Einmal und nie wieder. Lebenserinnerungen*, Prag 1935, S. 268.
3 Franziska Gräfin zu Reventlow, *Briefe 1890–1917*, hrsg. von Else Reventlow, Frankfurt am Main 1977, 8. 11. 1890, S. 136.
4 Ebd., S.36.
5 Ebd., 31. 5. 1890, S. 55.
6 Ebd., 16. 4. 1890, S. 15.
7 Vgl. die Briefe vom 7. 7. und 22. 9. 1890 in: *Briefe* (wie Anm.3), S. 76, 117.
8 Ebd., 9. 8. 1890, S. 97.
9 So Franziska Gräfin zu Reventlow, *Tagebücher 1893–1910*, hrsg. von Else Reventlow, Frankfurt am Main 1976, 15. 10. 1897, S. 74.
10 Berlin-Wilmersdorf, verm. Januar 1898, in: Rainer Maria Rilke, *Briefe aus den Jahren 1892 bis 1904*, hrsg. von Ruth Sieber-Rilke und Carl Sieber, Leipzig 1939, S. 52–54, hier S. 53.
11 Rainer Maria Rilke, ›Franziska Gräfin zu Reventlow. Ellen Olestjerne‹, in: ders., *Sämtliche Werke*, Bd. 10, Frankfurt am Main 1975, S. 653–657, hier S. 653.
12 *Briefe* (wie Anm. 3), 2. 6. 1890, S. 58.
13 *Tagebücher* (wie Anm. 9), April 1909, S. 447.
14 *Briefe* (wie Anm. 3), 7. 1. 1891, S. 197.

Zur Textgestalt

Die hier ausgewählten Briefe Franziska zu Reventlows folgen der Edition: Franziska zu Reventlow, *Briefe 1890–1917*, hrsg. von Else Reventlow, Frankfurt am Main 1977. Die Tagebucheinträge sind entnommen: Franziska zu Reventlow, *Tagebücher 1895–1910*, hrsg. von Else Reventlow, Frankfurt am Main 1976.

Der Brief Emanuel Fehlings an die Reventlow wird nach der Handschrift in der Stadtbibliothek München veröffentlicht.

Das Gedicht *Weisst Du den Ort* folgt der handschriftlichen Fassung im Klages-Archiv, Deutsches Literaturarchiv/Schiller-Nationalmuseum, Marbach.

Von Paul zu Pedro wird zitiert nach: Franziska zu Reventlow, *Gesammelte Werke*, hrsg. von Else Reventlow, München 1925.

Der Brief von Ludwig Klages an Franziska zu Reventlow findet sich in: Ludwig Klages, *Rhythmen und Runen. Nachlaß, hg. von ihm selbst*, Leipzig 1944.

›Viragines oder Hetären?‹ erschien in den *Züricher Diskußionen*, 2, 1899, S. 1–8.

Auslassungen früherer Editoren werden mit »...« bezeichnet, von mir vorgenommene Kürzungen und Kommentare sind in eckige Klammern gesetzt.

Rechtschreibung und Orthographie wurden behutsam modernisiert.

Über dieses Buch

Briefe erlauben ihren Verfassern die Inszenierung des eigenen Lebens auch unter prosaischen Umständen. Sie können vor allem dort zum künstlerischen Hauptwerk werden, wo jenes sagenhafte, oft von Geldnot und alltäglichen Schwierigkeiten geplagte Dasein am Rande der Gesellschaft erwartet wird, dem scheinbar mühelos großartige Gedanken und geniale Kunstwerke entspringen: in der Bohème. Für ihre Schwabinger Bohème-Existenz, ihr ungestümes Verlangen nach Liebe und Freiheit, ihre zahllosen Männergeschichten, die sie den Zeitgenossen zur »Hetäre«, zur »heidnischen Urmutter« oder »Madonna« werden ließen, für ihr Leben, dessen »Hauptwert gerade darin liegt, gelebt worden zu sein ohne Untergang« (Rilke), ist Franziska Gräfin zu Reventlow (1871 – 1918) bekannt geworden. Die Briefe, die sie in ihrer Jugend heimlich an den Lübecker Gymnasiasten Emanuel Fehling schrieb, sind Entwürfe einer damals skandalösen Vita; zugleich gehören sie zu den eindringlichsten Prosatexten des ausgehenden Jahrhunderts. In die Jugendbriefe Franziska zu Reventlows sind in diesem Band Korrespondenzen eingeschoben – spätere Briefe etwa, Tagebuchaufzeichnungen, Zitate aus Romanen und Photos der Gräfin –, um ihr Portrait nach Art der Holographie zu formen: Gerät Lebenszeit zwischen die Briefe, arrangieren sie sich zu Motiven und deren Variationen, und die Träume der jungen Reventlow stehen einer oft enttäuschenden Einlösung gegenüber.

Heike Gfrereis, geboren 1968, hat mit einer Arbeit über *Das Erzeugen von Bedeutungen im literarischen Werk um 1800* promoviert und ist wissenschaftliche Mitarbeiterin am Institut für Literaturwissenschaft der Universität Stuttgart.

Abb. Umschlag und S. 16, 21, 49, 67, 111: Schiller-Nationalmuseum / Deutsches Literaturarchiv, Marbach; S. 17: Elisabeth Buckup, Wiesbaden; S. 29, 103: Stadtbibliothek München.

ISBN 3-7757-0507-4
Gestaltung: Peter Steiner, Stuttgart
Reproduktionen: Graphische Kunstanstalt Werner, Stuttgart
Gesamtherstellung: Offizin Chr. Scheufele, Stuttgart

Printed in Germany

Umschlag: *Franziska Gräfin zu Reventlow,* um 1895.

KORRESPONDENZEN

ist der Titel einer neuen Reihe im Verlag Gerd Hatje, die den Briefen von Künstlern und Schriftstellern der Moderne gewidmet ist. Die einzelnen Bände halten eine prägnante Epoche im Leben der Briefschreiber fest, sei es durch das freundschaftliche Gespräch mit dem Briefpartner, sei es durch eine Kontroverse oder im Monolog, der den anderen nur als Folie einer Selbstbesinnung benützt. Die *Korrespondenzen* möchten dem Leser gerade solche Wendepunkte verständlich machen. Die Herausgeber wählen die Texte nach den besten Editionen aus, kommentieren knapp einzelne Sachverhalte und erhellen durch ein Nachwort die historische und biographische Situation, in der der Briefwechsel entstanden ist. Besonders bei Malern und Bildhauern fördern zahlreiche Abbildungen die Anschaulichkeit ihrer Korrespondenz.

Bereits erschienen:

KORRESPONDENZEN 1
Richard Wagner und König Ludwig II.
Briefwechsel
Auswahl, Anmerkungen und Nachwort
von Kurt Wölfel
Broschur, 13×22 cm, 188 Seiten
ISBN 3-7757-0414-0

KORRESPONDENZEN 2
Pierre Bonnard und Henri Matisse
Briefe und Karten
Vorwort von Jean Clair
Einführung und Anmerkungen von Antoine Terrasse
Aus dem Französischen von Annette Holoch
Broschur, 13×22 cm, 132 Seiten
mit 37 Abbildungen
ISBN 3-7757-0415-9

KORRESPONDENZEN 3
Wassily Kandinsky und Arnold Schönberg
Der Briefwechsel
Herausgegeben von Jelena Hahl-Koch
Broschur, 13×22 cm, 112 Seiten
mit 10 Abbildungen
ISBN 3-7757-0434-5

KORRESPONDENZEN 4
Dalí Lorca Buñuel
Aufbruch in Madrid
Herausgegeben von Ralf Schiebler
Broschur, 13×22 cm, 172 Seiten
mit 15 Abbildungen
ISBN 3-7757-0457-4

KORRESPONDENZEN 5
Max Liebermann
Briefe
Herausgegeben von Ernst Volker Braun
Broschur, 13×22 cm, 88 Seiten
mit 4 Abbildungen
ISBN 3-7757-0456-6

KORRESPONDENZEN 6
Eduard Mörike und Wilhelm Waiblinger
Eine poetische Jugend
in Briefen, Tagebüchern und Gedichten
Herausgegeben von Heinz Schlaffer
Broschur, 13×22 cm, 104 Seiten
mit einer Abbildung
ISBN 3-7757-0490-6

KORRESPONDENZEN 7
Paula Modersohn-Becker, Otto Modersohn,
Clara Rilke-Westhoff, Rainer Maria Rilke
Ehen in Worpswede
Herausgegeben von Hannelore Schlaffer
Broschur, 13×22 cm, 160 Seiten
mit 9 Abbildungen
ISBN 3-7757-0506-6

KORRESPONDENZEN 8
Franziska Gräfin zu Reventlow
Jugendbriefe
Herausgegeben von Heike Gfrereis
Broschur, 13×22 cm, 132 Seiten
mit 9 Abbildungen
ISBN 3-7757-0507-4

Bitte beachten Sie auch folgende Veröffentlichungen in unserem Programm:

KORRESPONDENZEN 9
Effie und John Ruskin
Briefe aus Venedig
Herausgegeben von Wolfgang Kemp
Aus dem Englischen von Catharina Berents
Broschur, 13 × 22 cm, 120 Seiten
mit 8 Abbildungen
ISBN 3-7757-0522-8
Erscheint im Frühjahr 1995

Wassily Kandinsky
Von Jelena Hahl-Koch
Leinen, 25,5 × 33 cm, 432 Seiten
mit 463 Abbildungen, davon 233 farbig
ISBN 3-7757-0391-8

Max Liebermann und Hamburg
Landschaften zwischen Alster und Elbe 1890–1910
Von Jenns E. Howoldt und Andreas Baur
Englische Broschur, 15 × 21 cm, 72 Seiten
mit 46 Abbildungen, davon 21 farbig
ISBN 3-7757-0495-7

Henri Matisse
Zeichnungen und Gouaches découpées
Herausgegeben von der Graphischen Sammlung
der Staatsgalerie Stuttgart
Leinen, 24,5 × 29,5 cm, 312 Seiten
mit 375 Abbildungen, davon 324 farbig
ISBN 3-7757-0445-0

Das frühe Bauhaus und Johannes Itten
Katalogbuch mit Beiträgen von Magdalena Droste,
Wulf Herzogenrath und anderen
Leinen, 21,5 × 28,5 cm, 544 Seiten
mit ca. 620 Abbildungen, davon ca. 400 farbig
ISBN 3-7757-0505-8
Erscheint im September 1994